¡Vivan
las chicas!

¡Vivan las chicas!

¡La **guía** de las que pronto serán adolescentes!

Séverine Clochard
con la colaboración de Sophie Camacho,
Claire Didier, Julie Got, Isabelle Louet
y Laurence Rémy
Ilustraciones de Cécile Hudrisier
Julia es una creación de Audrey Gessat

A la niña que fui
S.C.

Sumario

¡Hola!

Me llamo Julia. Aún no me conoces, pero soy la mejor aliada de las niñas de entre 8 y 13 años, como tú. Sé muy bien cuáles son tus problemas, lo que te preocupa y el montón de preguntas que te haces. Tenía muchas ganas de hacer esta guía, para que te ayudara a sentirte bien contigo misma. ¡Porque ser una preadolescente no siempre resulta fácil!

Así que si quieres aprender cosas sobre la pubertad, si te preguntas cómo hacer amigas, si piensas que los chicos son todo un misterio, si quieres que la vida en el cole o con la familia sea más llevadera, no busques más: ¡todas las respuestas están aquí, en este libro!

He incluido todo lo que puede divertirte: trucos, tests y consejos que funcionan fenomenal. La prueba es que quienes me los han dado son niñas de tu edad. Y cuando el problema es demasiado complicado, he preguntado directamente a los expertos.

Un médico te explicará, por ejemplo, por qué a veces te cuesta conciliar el sueño. Un profesor te dirá cómo estudiarte los apuntes y... memorizarlos. Espero que te guste el resultado y que acabemos haciéndonos muy buenas amigas tú y yo.

¡Feliz lectura!

¿Cómo funciona este libro?

7 capítulos, cada uno dedicado a un tema concreto, para tratar todos los temas que te interesan.

4 tipos de páginas:

Los trucos de Julia ✪ : mis secretos para hacer frente a todas las situaciones, ¡sin olvidar los trucos de mis amigas!

SOS Julia ◎ : ¿algún problema? ¡Que no cunda el pánico! Mis amigas y yo, junto con los expertos, estamos aquí para ayudarte.

Consejos de profesionales para entender mejor lo que te pasa.

Lo que hay que saber ☺ : lo fundamental que hay que saber sobre un tema.

Ponte a prueba ✪ : un test de preguntas-respuestas para conocerte mejor.

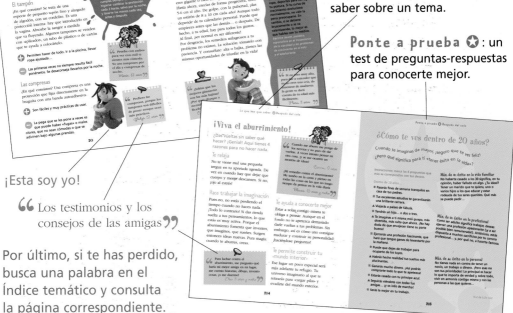

¡Esta soy yo!

❝ Los testimonios y los consejos de las amigas ❞

Por último, si te has perdido, busca una palabra en el Índice temático y consulta la página correspondiente.

¿Quieres contribuir con algún comentario? ¿Te apetece proponer algún consejo? ¡Escríbeme! A lo mejor te seleccionan para la próxima edición de esta guía. Apunta la dirección: email: **guiascomplices@editorialmarenostrum.com**. ¡Hasta muy pronto! *Julia*.

¡Llévate bien con tu cuerpo!

¡Crecer no es tan fácil como parece! Que si demasiado baja o demasiado gorda o llena de granos… cuando te miras al espejo no siempre eres muy benévola con tu imagen. En cuanto a la pubertad, la sola palabra ya te pone algo nerviosa. ¡Basta! Ya va siendo hora de que por fin te sientas bien con tu cuerpo. Descubre cómo…

El juego de la verdad

Cuenta un punto cada vez que te reconozcas en alguna de las afirmaciones siguientes:

● A veces me echo a llorar sin saber por qué.

● ¡Estoy harta de ser la más bajita de mi clase!

● Seguro que todos saben que me ha venido la regla.

● Me encantaría tener pecho.

● ¿Por qué a mí me salen granos y a las demás no?

● Todas mis amigas tienen la regla menos yo, y eso me preocupa.

● Les saco una cabeza a las demás, ¿qué me ocurre?

● Tengo un pecho más pequeño que otro, ¿debería preocuparme?

● Ya me vino la regla, pero desde hace 2 meses nada de nada. Seguro que pasa algo raro.

● Estoy harta de que la gente me mire el pecho.

● Me gustaría que mis padres me hicieran mimos (pero no me atrevo a pedírselo, eso es de críos).

● Qué raro, me está saliendo pelo en el pubis y en las axilas.

● Me da la sensación de que he engordado.

● Hay restos blancos en mis braguitas....

● Mis amigas me parecen infantiles.

● No me atrevo a hablar con mi madre del pecho y de la regla.

● Mis padres no me entienden.

● Me pregunto si necesito sujetador.

● Me da corte desnudarme en el vestuario de las chicas.

● La regla me agobia un montón.

● Ya no me siento la misma.

¿Tienes al menos **3 puntos**?
Pasa a la página siguiente…

Test de Séverine Clochard

Buenas noticias, ¡eres normal!

La respuesta a todas estas sensaciones que tanto te agobian cabe en una palabra: pubertad. Tranquila, no es una enfermedad. Sólo es una de las etapas de la infancia a la edad adulta, un paso intermedio complejo pero apasionante. Seguro que vas a sentirte algo desconcertada y a veces un poco perdida, y que van a venirte a la cabeza un montón de preguntas. ¡Que no cunda el pánico! No es la primera vez que la vida te pone en un aprieto. Acuérdate de tus primeros pasos o de cuando pasaste a la ESO; no era fácil pero te las apañaste. La vida cambia y nosotros con ella, eso es lo genial. Se cambia, se evoluciona. Claro que hay momentos más delicados que otros, ¡aunque lo bueno es que no duran mucho! La pubertad, a fin de cuentas, es sólo una etapa más. Otras han conseguido sobrevivir a ella, ¿por qué tú no?

¡Lo que te da miedo es hacerte mayor!

Te parece difícil porque no eres tú quien elige el momento. Las transformaciones de tu cuerpo ocurren a tu pesar, tanto si estás mentalmente preparada como si no. Ya no te reconoces en el espejo ni en las relaciones con tus padres.

Es normal que te perturbe. Estás orgullosa de pertenecer por fin al mundo de los mayores, pero sigues teniendo muchas ganas de jugar. Tranquila. Tu cuerpo ya no es quizá el de una niña, pero eso tampoco hace de ti una mujer. Llegar a serlo lleva su tiempo y es algo que se construye poco a poco.

No dudes en decir lo que piensas si la mirada o las reflexiones de los demás te resultan incómodas. ¡Lo que sientes es importante!

Dominique Gaffié Lemaignan, psicóloga clínica, psicoanalista

Las claves de la pubertad en 4 lecciones

No busques más. ¡Lo que hay que saber está aquí!

A cada cual su ritmo

¿Te preguntas cuándo te va a tocar a ti? Es difícil darte una fecha exacta. Incluso tu médico no podría decírtelo con certeza.

Por lo general, en las chicas la pubertad empieza entre los 8 y los 13 años; en los chicos, entre los 9 y los 14 años. Pero no es algo sistemático. A veces ocurre antes o más adelante. Es tu cerebro el que, como un director de orquesta, da la señal a una serie de glándulas que hasta el momento estaban en reposo dentro de tu cuerpo.

¡Al despertarse, hay que ver la que organizan! Envían a la sangre varias hormonas, unas sustancias químicas que actuarán luego en los distintos órganos. En tu caso ordenan a los ovarios, las glándulas sexuales de las chicas, que liberen a su vez otras hormonas. Son ellas las que van a provocar que te salga pecho, que te baje la regla…

Hay tiempo para acostumbrarse

¡4 años! Es la duración media de la pubertad. ¡Ya ves que no es para tanto! Las transformaciones, aunque sean numerosas y perturbadoras, ocurren paulatinamente. Vas a tener algo de tiempo para adaptarte y familiarizarte con tu nuevo cuerpo. Por lo general, primero te va a salir vello en el pubis y en las axilas.
Luego, tus futuros senos van a empezar a crecer. Poco a poco tu pecho va a tener más volumen, el

vello va a aumentar y descubrirás un flujo blanquecino en la braguita. Es lo que se llaman «pérdidas blancas». También vas a pegar un estirón. Y por último, te vendrá la regla, primero de forma irregular y luego regularmente. Tu cuerpo llegará por fin a su estado adulto.

Nadie se libra

Chico o chica, ¡a todos les llega la pubertad! A lo mejor estás encantada: ¡llevabas tanto tiempo esperando este momento! O quizá no: piensas que todo va demasiado rápido. No te gustan esas transformaciones, ni la mirada de los demás, que te parece distinta. Es verdad: hacerse mayor poco a poco se vive quizá más fácilmente. Da tiempo a acostumbrarse al

nuevo cuerpo. Resulta difícil estar enteramente satisfecha, sobre todo a una edad en la que lo que uno quisiera por encima de todo es ser como los demás. Para vivir esta etapa lo mejor posible, intenta no hacer comparaciones: siempre irás por delante o por detrás de alguien. ¡Cada uno posee su propio reloj interno, que se pone en marcha cuando quiere!

Para los padres también es complicado

A veces no saben muy bien cómo tratar el tema contigo. Algunos se niegan a ver que el cuerpo de su hija está cambiando. A sus ojos, sigues siendo una niña. Otros, en cambio, están orgullosísimos: ¡su nena se ha convertido en una mujer! Pero sus estallidos de alegría y su manera de proclamarlo a los cuatro vientos te incomodan. No dudes en explicarles lo que sientes. Pídeles que recuerden cómo lo vivieron ellos. Quizá sean entonces más comprensivos.

Toda la verdad sobre el pecho

Has oído de todo: que duele... o que no, que crece de golpe, etc.
¡Basta! Esto es lo que has de saber.

Crece de golpe
FALSO

El primer signo es la areola: ese círculo un poco más oscuro que la piel, y que rodea la punta de tu «futuro» pecho, empieza a abultarse. Después, el pecho va adquiriendo volumen, poco a poco o más rápido, ¡depende! Pero sólo llegará a su tamaño adulto al cabo de 4 años. Te da tiempo a ir acostumbrándote.

No tener pecho a los 12 es normal
VERDADERO

¡Cada cual tiene su ritmo! Por lo general, el pecho empieza a desarrollarse entre los 9 y los 13 años. Cuando cumplas los 13, consulta tu evolución con tu médico.

Los dos pechos crecen siempre a la misma velocidad
FALSO

Por lo general, primero empieza a crecer uno y luego el otro. Pero no te preocupes, esa diferencia se atenúa enseguida. En realidad, los dos pechos nunca suelen ser exactamente iguales. Y además, la forma y el tamaño no son definitivos. Pequeños o alargados, redondos o puntiagudos, carnosos o no, los pechos van cambiando a lo largo de la vida.

Todo el mundo notará mi sujetador
FALSO

Con los modelos «segunda piel» ¡no hay peligro! Son muy discretos. Infórmate en cualquier tienda.

Las únicas que sabrán tu secreto serán las amigas a las que se lo hayas contado. Así que no te preocupes, los chicos no sabrán nada.

El pecho atrae las miradas
VERDADERO

¡Es obvio que es difícil de esconder! Y a veces, los chicos o algunos adultos torpes no se privan de hacer comentarios. Normal que te fastidie. Sin embargo, no tienes por qué avergonzarte de tus formas. Muestran simplemente que te haces mayor. Es genial, ¿no? Entonces, pasa de los que se burlen de ti. Si ven que no te afecta, acabarán cansándose. No dudes tampoco en reaccionar y explicarles que sus comentarios te molestan. Si te sientes realmente incómoda, ponte jerseys o ropa un poco suelta. Pero, sobre todo, no escondas el pecho cargándote de hombros, tu espalda se resentiría.

Lo mejor es hablarlo con tu madre
VERDADERO

Es la persona idónea para darte consejos. Pero a veces no te atreves a hablar con ella. A lo mejor a ella le da tanto corte como a ti y espera a que tú le des pie. Toma la delantera: menciona el tema como si se tratara de una amiga tuya. Por lo general, funciona. Y si no te sientes lo bastante cómoda con tu madre, siempre puedes recurrir a otra persona en quien confíes: tu hermana mayor, una de tus tías…

Duele mucho
FALSO

¡Claro que no! En el peor de los casos sentirás todo lo más una ligera tensión, totalmente normal, que desaparecerá rápidamente.

Es mejor ponerse sujetador
VERDADERO

¡Los pechos no son músculos! Se sujetan gracias a la piel que los rodea. Entonces, ¡una ayudita no viene mal! Esa es la función del sujetador: como su propio nombre indica, te va a «sujetar» el pecho. Se aconseja llevar uno especial para hacer cualquier deporte.

15

¿Cuándo debo ponerme sujetador?

En cuanto sientas la necesidad. Coméntalo con tu madre, para que te ayude en tu primera compra. Un buen indicio es cuando el pecho empieza a molestarte en tu vida cotidiana: cuando haces deporte, por ejemplo. Para elegir el sujetador, mide el contorno de busto, justo por debajo del pecho. La cifra indicará la talla (de 70 a 115). Luego vuelve a medir pero pasando la cinta métrica sobre el pecho. La diferencia entre ambas medidas te dará el tamaño de la copa:

15 cm = copa A
20 cm = copa B, etc.

En tu primera compra, que te acompañe la persona con la que te sientas más a gusto. No tiene por qué ser tu madre necesariamente... Pruébate siempre el sujetador abrochado en la posición que más se ajuste. La forma no importa mucho, lo importante es que te sujete bien el pecho sin que te moleste o te haga daño. El aro (si lo hubiera) debe colocarse justo en el nacimiento del pecho. No dudes en pedir ayuda a la dependienta. Para eso está. Y tranquila, ¡está harta de ver pechos!

Leticia, dependienta

66 Estuve llevando *tops* hasta que empezaron a molestarme para hacer deporte. Fui de compras con mi madre y me dejé aconsejar.

María, 12 años 99

66 Estaba pasando las vacaciones con mi abuela. Un día que íbamos de compras me dijo como si tal cosa: «mira ese sujetador, es mono, ¿no? ¿Por qué no te lo pruebas?». Al volver de vacaciones estaba orgullosa. ¡Me sentía mujer!

Valeria, 12 años 99

66 Lo comenté con mi hermana mayor. Al principio me pasaba los sujetadores que ya no le valían. Y luego los compré yo sola. Elijo las tallas más pequeñas y me voy probando.

Ana, 13 años 99

Me preocupa la regla... ¡toda esa sangre no es normal!

¡No me extraña! Hasta ahora, si sangrabas era porque te habías hecho una herida. Entonces, ¿por qué habría de ser distinto en este caso? Es totalmente lógico que pienses eso. Y además puede parecerte que pierdes mucha. ¿Y si te fueras a desangrar?

Tranquila, la regla es simplemente el resultado de un proceso natural, que le sucede a todas las chicas y que marca la última etapa de la pubertad. Por lo general, te viene por primera vez a los 11 años y medio, dura unos días y luego para.

Pero no te olvides: cada una evoluciona a su ritmo. Puede venirte antes (a los 9 años) o... más adelante (a los 15 años). El sangrado puede ser más o menos abundante y durar más o menos tiempo (de 3 a 8 días más o menos). En cuanto a la cantidad de sangre, ¡ni llegaría a llenar un vaso! Ya ves, al final es mucho menos de lo que imaginabas, ¿no?

La opinión del experto

Te preguntas quizá de dónde viene toda esa sangre.
Pues del útero, un órgano situado en el bajo vientre, que está recubierto en su interior por una especie de piel: la mucosa uterina.

En cada ciclo, por acción de las hormonas, se desarrolla, se vuelve más gruesa y luego se desprende, eliminándose por la vagina mediante el sangrado. Es la menstruación, o la regla. Luego crece otra vez, ¡y vuelta a empezar con un nuevo ciclo!

Annick Bouvy Lazorthes, ginecóloga

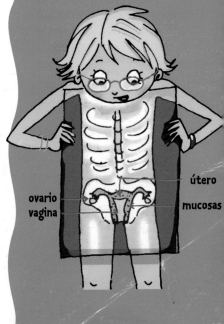

útero

ovario
vagina

mucosas

Toda la verdad sobre la regla

Desmonta los tópicos
que circulan al respecto.

Se deja de crecer
FALSO

¡Para nada! Pero tu crecimiento, que
se acelera bruscamente cuando
empieza la pubertad, se ralentiza un
poco.

Llega sin avisar
FALSO

¡Claro que es imposible prever el día D!
En general, suele producirse entre los
18 meses y los 2 años desde que
empieza a crecer el pecho y a salir
vello. Pero hay señales que pueden
ponerte sobre aviso. ¿Ya tienes pecho?
¿Te ha salido vello en el pubis y en las
axilas? ¿Tienes pérdidas blancas?
La regla no anda lejos… En cuanto
detectes estos signos, toma algunas

precauciones: mete una compresa en la
mochila. Y no te preocupes, no corres
peligro de «inundaciones». La regla
empieza siempre con ligeras pérdidas
de color marrón, que te dejan tiempo
para reaccionar y ponerte una
protección.

Te viene de forma irregular
VERDADERO

Al menos al principio, pueden
pasar varios meses entre la
primera y la segunda vez, o
sólo algunas semanas… Es
normal: hasta que se
estabiliza, este proceso
necesita un tiempo de rodaje,
que suele ser de unos 2 años.

Duele un montón
FALSO

Por lo general, no tiene por qué. Pero en ocasiones, a algunas les duele la tripa, la espalda. En realidad, a veces viene de familia: pregunta a tu madre para saber cómo lo lleva ella.
Y además, si ves que te duele mucho, no dudes en pedirle que te lleve al médico. Intentará entender lo que te pasa y ponerle remedio.

Te sientes diferente
VERDADERO

A veces te sientes un poco más sensible, más nerviosa: ¡la culpa es de las dichosas hormonas! Tranquila, es verdad que todas estas molestias pueden ser una pesadez, pero son totalmente normales. Todas las chicas las padecen en mayor o menor medida. Pregúntale a tu madre o a otras mujeres de tu entorno.

No te puedes bañar
FALSO

Si te encanta divertirte en el agua, no te prives de ello. Médicamente, bañarse en la piscina o en un mar cálido no supone ningún problema. Basta con que te pongas la protección adecuada: lo mejor es un tampón; si no, espérate más bien al final de la regla.

Única pega: si el agua está muy fría puede que te duela la tripa. Escucha a tu cuerpo antes de decidir nada.

La regla, menudo rollo
VERDADERO

Por supuesto que te condiciona un poco. Y de momento no ves qué interés puede tener este fenómeno. Pero más adelante, es este mecanismo el que te permitirá tener hijos, si así lo deseas.

Tampón o compresa, ¿cuál elijo?

El tampón

¿En qué consiste? Se trata de una especie de pequeño tapón fino y alargado de algodón, con un cordelito. Es una protección interna: hay que introducirlo en la vagina. Absorbe la sangre a medida que va fluyendo. Algunos tampones se venden con «aplicador», un tubo de plástico o de cartón que te ayuda a colocártelo.

 Permiten hacer de todo. Ir a la piscina, llevar ropa ajustada…

 Las primeras veces no siempre resulta fácil ponérselos. Se desaconseja llevarlos por la noche.

Las compresas

¿En qué consisten? Una compresa es una protección que fijas directamente en la braguita con una banda autoadhesiva.

➕ Son fáciles y muy prácticas de usar.

➖ La pega que se les pone a veces es que puede haber «fugas» o malos olores, que no sean cómodas o que se adivinen bajo algunas prendas.

Regla de oro

Sea cual sea tu elección, lo importante es que tú te sientas bien. Y además siempre puedes cambiar de opinión. Puedes llevar compresas el primer año y después tampones, o bien alternar ambos. Lo importante es que cumplas siempre estas normas de higiene: cambiar la protección cada 3 horas, salvo por la noche, y lavarte las manos cada vez, antes y después.

> ❝ Prueba con ambos para ver con cuál te sientes más cómoda. Yo uso tampones por el día y compresas de noche.
> María, 12 años ❞

> ❝ Prefiero las compresas, porque los tampones son difíciles de poner aunque sean más prácticos.
> Gladys, 12 años ❞

¡Se burlan de mi estatura!

Demasiado alta, demasiado bajita, no te sientes a gusto con tu cuerpo. Es verdad que preocupa. Cuando te comparas con las de tu clase, ¡o bien eres gigante o bien un tapón!

Hasta ahora, crecías de forma progresiva, unos 5-6 cm al año. De golpe, con la pubertad, ¡das un estirón de 8 a 10 cm cada año! Aunque todo depende de tu calendario personal. Puede que empieces antes que las demás… o después. De hecho, a tu edad, hay para todos los gustos. Al final, ¡ser normal es ser diferente!

Por desgracia, los remedios milagrosos a tu problema no existen. La solución: tómatelo con paciencia. Y consuélate: alta o bajita, ¡tienes las mismas oportunidades de triunfar en la vida!

La opinión del experto

Es difícil prever con exactitud la estatura adulta.

Claro que la de tus padres puede darte alguna pista. ¡Pero tu constitución no tiene que ser forzosamente la de ellos! Tranquila: la estatura no lo es todo en la vida. Y siempre hay soluciones: trucos con la ropa, deportes para corregir tu postura. Si tu curva de crecimiento evoluciona normalmente, no vale la pena preocuparse. En cambio, si se detiene bruscamente o se va ralentizando, lo mejor es que hables con tu médico.
Béatrice Jouret, pediatra, especialista en el tratamiento de la obesidad y los problemas de crecimiento en el niño y el adolescente.

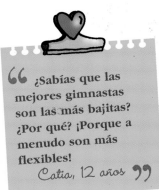

❝ ¿Sabías que las mejores gimnastas son las más bajitas? ¿Por qué? ¡Porque a menudo son más flexibles!
Catia, 12 años ❞

❝ Si no eres muy alta, para dar a entender que ya no eres una cría, da muestras de madurez: la gente se dará cuenta de tu edad más fácilmente.
Flora, 11 años ❞

¿Estás impaciente por hacerte mayor?

Crecer es una aventura que cada cual vive a su ritmo. ¿Y tú?

1. Si tuvieras un espejo mágico, te gustaría verte en él:
- ● A los 20 años, con tu novio.
- ▲ A los 15, en el instituto.
- ■ Con un nuevo corte de pelo.

2. Te maquillas para parecer mayor:
- ▲ Para una fiesta, por qué no…
- ■ ¡No gracias, podrías hacer el ridículo!
- ● Has probado a ver y te gusta como queda.

3. La idea de que tu cuerpo vaya a transformarse con la pubertad…
- ● Te entusiasma: ¡estás deseando ver el cambio!
- ■ Te da igual. ¡Como total no hay prisa!
- ▲ Te angustia un poco: ¿y si no te gustara?

4. Los chicos que te gustan…
- ● Son mayores que tú, y por tanto muy interesantes.
- ▲ Son más o menos de tu edad, compartís montones de cosas.
- ■ ¿Qué chicos? ¡Ya tendrás tiempo de pensar en el amor!

5. El mundo de los adolescentes…
- ■ ¡Es otro planeta!
- ▲ Te intriga y te atrae.
- ● Sólo esperas una cosa: formar parte de él… ¡y que sea cuanto antes!

Máx. de ● : cuanto antes mejor

No esperas otra cosa que hacerte mayor. En tu opinión, el futuro es mucho más atractivo que el presente. Con ganas de «envejecer», te pones furiosa cuando los adultos te tratan como una niña. Pero a fuerza de querer quemar etapas, corres el peligro de perderte lo mejor. ¡No te precipites!

Máx. de ▲ : no hay prisa…

«Despacio pero segura», te repites. Hacerte mayor es algo que no te obsesiona. Claro que piensas en ello: hay cosas que te gustaría hacer y tienes proyectos. Pero hasta poder (quizá) realizarlos, no te preocupa lo más mínimo.

Máx. de ■ : despreocupada

Si ya la semana que viene te parece algo muy lejano, ¡que no te vengan entonces con tu futuro! En tu opinión, hacerte mayor no significa gran cosa, aparte de crecer unos centímetros. Vivir al día sin complicarte, esa es tu receta.

Test de Julie Got

¡La pubertad no es tan sencilla!

¿Te cuesta vivir esta etapa? ¿Te haces preguntas?
Tus amigas también. Testimonios.

❋ La pubertad es como una puerta. ¡De repente, pasas de una habitación a otra! No tengo especial prisa por llegar, pero no me da miedo. Lo único es que me pregunto cómo se puede cambiar en tan poco tiempo.

Marga, 11 años

❋ Para los padres, nuestra pubertad es complicada: les cuesta que ya no los necesitemos en todo momento. Para mí, es como convertirse en otra persona y eso me gusta bastante.

Carola, 13 años

❋ La pubertad es un rollo, sobre todo hablar de ello con los padres. Cuando les cuentas algo, no sabes lo pesados que se ponen.

Flavia, 11 años

❋ Tengo la regla desde los 9 años y medio. Me siento diferente a las demás porque soy la más pequeña de la clase, ¡y la más adelantada! Pero me parece chulo tener pecho.

Alicia, 10 años

❋ Lo que no me gusta de la pubertad es que los chicos maduran menos rápido que las chicas. Yo estoy plana como una tabla, y los chicos no paran de meterse conmigo. Estoy segura de que si fueran mayores ni se habrían fijado.

María, 12 años

❋ Empezó a salirme pecho el año pasado. Primero era como un bultito duro, que me dolía un poco si me daba algún golpe. ¡Y luego tenía uno más grande que el otro! Ahora va todo bien.

Laura, 11 años

❋ Me vino la regla un miércoles, unas horas después de natación. No había notado nada. Al principio me asusté y me eché a llorar, ¡pero luego estaba toda contenta con la idea de que ya era una mujer!

Lola, 12 años y medio

Estoy llena de granos... ¿qué me pasa?

¡Estás creciendo! La culpa la tiene el sebo, una grasa natural que todos fabricamos y que sirve para proteger la piel evitando que se seque. El problema es que durante la pubertad se produce en mayor cantidad. Resultado: la piel se vuelve más grasa y salen costras y puntos negros, lo que a veces acaba en un buen grano.

Es lo que se llama acné, que se manifiesta sobre todo en la cara. Al 80% de los jóvenes les pasa. Pero este fenómeno será más o menos virulento según las personas. Así es, estamos programados desde que nacemos. Las pieles secas y finas, por ejemplo, serán las menos afectadas.

Último punto: ¡ni el acné es contagioso, ni tampoco significa que estés sucia! Aunque aún no se ha demostrado realmente su relación con los hábitos alimentarios, adopta una alimentación sana y equilibrada.

La opinión del experto

No existen tratamientos para impedir la aparición de granos en la pubertad. Sin embargo, puedes limitar sus efectos limpiándote la cara por la mañana y por la noche con un jabón adecuado. Aclárate bien y sécate con una toalla, sin frotar. Es igual de eficaz que todos esos productos especiales que venden, y mucho más barato...

Sobre todo, no te toques los granos: corres el peligro de que la cosa vaya a peor y te queden cicatrices. Si el acné es invasivo, consulta con tu médico de cabecera o con un dermatólogo. Te recetarán los medicamentos adecuados. Tendrás que armarte de paciencia ya que estos tratamientos tardan en hacer efecto. Y por último: el tabaco tiene un efecto agravante...

Gérard Lorette, dermatólogo

Sudo un montón y se me nota

¡Menos mal que sudas! Eso indica que tu cuerpo funciona correctamente. Gracias a este mecanismo, el cuerpo se mantiene a una temperatura de 37°C y te refresca de forma natural. En cuanto suben los termómetros o haces una actividad física intensa, las glándulas del sudor entran en acción: empiezan a caerte minúsculas gotitas de agua mezcladas con sal por las axilas, por la espalda… En principio, no huelen a nada; son las bacterias, presentes de forma natural en la superficie de la piel, las causantes del mal olor. Con el sudor se suele eliminar, por evaporación, medio litro de agua al día más o menos. Pero en la pubertad, este fenómeno va a más. Nuevas glándulas sudoríparas, en reposo hasta entonces, se despiertan. Es imposible evitar esta molestia, pero ahí van algunos trucos. Lo primero es una higiene perfecta: enjabónate todos los días y sécate bien. En verano, olvídate de los tejidos sintéticos, que impiden que la piel respire, y de la ropa oscura, que absorbe el calor. Si estás realmente incómoda, puedes usar un desodorante. Disimulará esos olores que consideras desagradables.

6 6 Si es por el olor, hay desodorantes en barra, *roll-on* o vaporizador. Elige mejor uno que no lleve alcohol, daña menos la piel.

Ana, 10 años 9 9

6 6 El sudor es engañoso. Te crees que hace calor, te empiezas a quitar cosas y te resfrías. Para quitarte el calor, bebe mucha agua, pero no demasiado fría.

Lidia, 11 años 9 9

6 6 Si tienes vello en las axilas, depílate, porque eso aumenta la transpiración.

Emilia, 13 años 9 9

25

4 trucos para tener una melena «super»

Es fácil tener un pelo en plena forma. Basta con estos simples gestos...

1. Me cepillo el pelo dos veces al día

Así se va el polvo y otro tipo de suciedad. Eso que nos hemos quitado de encima. Tu pelo respira por fin. No te olvides de limpiar regularmente el peine o el cepillo.

2. Lo froto bien con el champú

¿Sabes que «champú» es una palabra de origen hindú que significa «masajear»? Así que, ¡a qué esperas! Primero un cepillado. Después, agua, un poquito de champú, y adelante: masajea suavemente el cuero cabelludo con las manos bien abiertas. Y luego aclara. Intenta eliminar todo el champú para que el pelo no quede sin brillo.
¿Te preguntas con qué frecuencia debes lavártelo?

Todo depende de tu forma de vida. Si vives en la ciudad y juegas a menudo fuera... se te ensuciará antes. ¡Vaya con la contaminación! Que sepas de todos modos que en la pubertad el pelo tiende a estar más graso.

3. Lo seco con suavidad

¿Lo ideal? Al aire. Si no, el truco es absorber la mayor cantidad de agua posible con la toalla. ¡Pero sin frotar! Y si optas por el secador, gradúa el aparato a la temperatura más baja.

4. Me relajo

Cada día se pierden de forma natural unos cien pelos. ¡Así que no te entre el pánico cada vez que se te caiga alguno! De todos modos, ten cuidado con los accesorios que aprieten demasiado: pueden estropear y romper el pelo.

Qué asco de pelos... me da corte ponerme falda

La culpa la tienen nuestros antepasados lejanos, que eran animales peludos. ¡Hay hasta 5 millones de pelos por casi todo el cuerpo! Si no todos se ven es porque algunos son muy finos. En su origen, servían para protegernos del frío y del sol.

Pero hoy estás decidida a declararles la guerra. Sin embargo, en algunos países las piernas peludas no son chocantes. Pero bueno, no te vas a mudar de país por eso.

Para acabar con ellos, existen varios sistemas, cada uno con sus ventajas e inconvenientes. En realidad todo depende del tipo de vello que tengas. Déjate aconsejar (por tu madre, tu tía, tus amigas…). Pero ojo, una vez que te hayas depilado, tendrás que hacerlo habitualmente.

> « He probado con la cera. El pelo tarda en crecer, ¡pero la verdad es que duele un montón! »
> Celia, 13 años

La opinión del experto

En la pubertad, por acción de las hormonas, te va a salir vello en las axilas y en el pubis. En las demás partes de tu cuerpo, sobre todo en las piernas, se va a volver más fuerte y más oscuro. Por eso se hace visible. Pero cada persona es distinta. Todo depende de los elementos que te hayan transmitido tus padres al nacer. Las morenas de piel oscura, por ejemplo, a menudo tienen más vello. No es ninguna anomalía, sino más bien una particularidad. Si realmente el vello te acompleja, consulta con un dermatólogo para que te aconseje.

Gérard Lorette, dermatólogo

> « Con la cuchilla puedes cortarte. Con las cremas vuelve a salir enseguida. Y la cera duele. Así que me quedo como estoy. Ya veré después. »
> Julia, 11 años

Mil y un trucos para estar guapa

Tus amigas te pasan sus mejores trucos de belleza/salud.
¡Guárdalos como oro en paño!

✸ Para tener una piel suave, ponte esta mascarilla, que es muy fácil de hacer. Aplasta dos albaricoques con un poco de aceite de oliva y aplica la mezcla sobre la cara unos 15 minutos. ¡Ojo, quédate tumbada para no pringarlo todo!

Raquel, 12 años

✸ Para el pelo, el zumo de limón va genial. Añado unas gotas al aclarármelo y brilla un montón.

Lucía, 12 años

✸ Para acabar con los granos, tengo una receta *súper*: pela un aguacate, exprime medio limón y añade un poco de agua. Aplástalo todo bien y aplícalo sobre la cara. A los 10 minutos, aclárate con agua. Es un truco de mi madre, que es dermatóloga. Úsalo si no eres alérgica al aguacate.

Paulina, 13 años

✸ Cuando no puedo lavarme los dientes, mastico un chicle sin azúcar. Dicen que se produce más saliva. Y justamente la saliva es una especie de autolimpiador para los dientes.

Clara, 10 años

✸ A menudo tengo ojeras, y mi abuela me ha dado un supertruco: te pones bolsas de té heladas sobre los ojos, o el dorso de una cuchara que has puesto unos minutos en la nevera. ¡Funciona fenomenal!

Celia, 10 años

✸ Para estar en forma, por la mañana, antes de levantarme, me estiro en la cama, tirando bien de los pies y los brazos. Luego me bebo un vaso grande de agua y salto de la cama. ¡Y empiezo el día a tope!

Cris, 10 años

¿Tienes buenos hábitos alimentarios?

¿Comes sano? ¡Pues vamos a verlo!

A. Para desayunar, tomas…
2 Un bol de cereales (o un chocolate con tostadas) y un zumo de frutas.
1 Galletas.
0 Nada, ¡nunca tienes hambre!

B. Comes verdura…
1 Cada dos días, nadando en aceite.
0 Cuando te obligan. Prefieres las patatas fritas…
2 En casi todas las comidas, te encanta.

C. Cuando ya no puedes más…
2 No sigues comiendo, si no te sienta mal.
0 Te acabas el plato, aunque estés a reventar.
1 Te comes un par de cucharadas más.

D. Meriendas…
2 Sentada a la mesa, tomándote tu tiempo.
1 De pie en la cocina, a toda velocidad.
0 Delante de la tele, sin apartar la vista de la pantalla.

E. Fuera del horario escolar, haces deporte…
1 De vez en cuando, el fin de semana.
0 Lo menos posible, ¡el esfuerzo te da alergia!
2 Regularmente: ¡no puedes parar quieta!

De 0 a 3 puntos: ¡vaya, vaya…!
Patatas, galletas y chocolate… ¡te vuelven loca los dulces y los alimentos grasos! Si por ti fuera, no comerías otra cosa. Para mantenerte en forma, merienda, haz tres comidas equilibradas al día y un poco de deporte. ¿Vale?

De 4 a 7 puntos: ¡no está mal!
Respetas las reglas básicas de una buena alimentación. Pero a veces las pasas por alto para atiborrarte de caramelos. Puedes seguir siendo golosa… con moderación (¡y evita picar entre comidas!).

De 8 a 10 puntos: ¡bravo!
¡No estás dispuesta a comer cualquier cosa! Muy atenta a lo que pones en el plato, tienes hábitos alimentarios excelentes. No dudes en darte algún capricho: ¡alimentarte también tiene que ser un placer!

Test de Julie Got

Me veo demasiado gorda

66 Yo también estoy gordita pero al crecer te estilizas. Sobre todo no te saltes ninguna comida. ¡Eso no sólo no adelgaza, sino que además hace que el cuerpo guarde reservas!
Lucía, 11 años 99

66 Si te entra hambre entre horas, bébete un vaso de agua, ¡te sentirás llena!
María, 10 años 99

66 No puedo evitar picar entre horas. Hemos decidido, con mi madre, sustituir las galletas y el chocolate por yogures y fruta. Te quitan el hambre y están superbuenos.
Carolina, 13 años 99

¿Estás realmente segura? A veces una sueña con verse fina y esbelta como las *top models* de las revistas. Y en el espejo, la realidad nos resulta bien distinta… ¡Cuidado! No te dejes influir por fotos engañosas. A menudo están retocadas. En cuanto a las modelos, la mayoría pasan un hambre tremenda.

Y además, el supuesto peso ideal es una cuestión cultural. En otras épocas, son las gorditas las que hoy estarían desfilando. Incluso ahora, en algunos países, son ellas a las que se encuentra más atractivas.

30

La tabla muestra que tu peso es normal, pero aun así tu imagen no te satisface. No olvides que estás en una edad en la que el cuerpo cambia: se desarrolla, las caderas se ensanchan… Tienes la sensación de estar engordando, pero en realidad lo que pasa es que tu silueta se modifica. En la pubertad, las variaciones de peso son totalmente normales.

A lo mejor, también estás algo influida por tu entorno… Si a tu alrededor sólo se habla de «dietas», «productos bajos en calorías» y «kilos de más», sin duda tiendes a prestar más atención a tu peso. ¡Pero lo que a veces vale para un adulto, no está ni mucho menos pensado para ti!

Bueno, la mejor manera de saber a qué atenerte es conocer tu índice de masa corporal (IMC), que tiene en cuenta tanto la estatura, como la edad y el peso. Aprovecha una visita al médico para calcularlo. Lo anotará en tu cartilla médica.

Si realizas un seguimiento, podrás ver la evolución de tu relación peso-estatura y saber si realmente hay de qué preocuparse.

¿Según la tabla, tendrías problemas de peso?

Que eso no te agobie. Sobre todo, no intentes engordar o adelgazar por tu cuenta, imponiéndote una dieta disparatada. Una decisión así no resolverá lo que te preocupa y puede ser malo para tu salud.

Lo más sensato es hablarlo con tus padres y consultar con un médico especialista en nutrición o dietética. Haréis juntos un balance de tu alimentación y te dará consejos adecuados para tu edad, tu crecimiento y tu forma de vida.

Brigitte Coudray, dietista

Me encantan las hamburguesas, ¿puedo volverme obesa?

«Uno de cada 5 niños tiene exceso de peso*. El número de jóvenes con sobrepeso no para de aumentar». ¡A fuerza de oír estas cosas, lo normal es que te hagas preguntas! Tranquila. Por comer de vez en cuando en un *fast-food* no vas a volverte obesa. Esto no es tan sencillo.

Se diferencian dos causas posibles de la obesidad: la falta de ejercicio físico y los malos hábitos alimentarios. También hay una predisposición genética: no todos somos iguales. Pero si tu alimentación es equilibrada y haces deporte habitualmente, ¡no tienes de qué preocuparte!

Cuando se es obeso, el cuerpo presenta un exceso de grasa: se absorbe más energía de la que se gasta. En el niño y el adolescente, la obesidad puede provocar problemas respiratorios o en las articulaciones, y otros trastornos más graves en la edad adulta. ¡Pero por comerte unas hamburguesas no vas a tener sobrepeso! Si te gustan mucho, intenta equilibrar tu menú. ¡Evita asociar refrescos, patatas fritas, hamburguesa y helado! Para beber, pídete agua; de postre, una fruta; y una ensalada mejor que patatas.

Béatrice Jouret, pediatra, especialista en el tratamiento de la obesidad infantil.

66 No te vuelves obeso de repente por comerte una hamburguesa. Pero procura tener una alimentación equilibrada.
Lola, 9 años 99

* fuente MSC, 2006

66 Si haces deporte habitualmente, limitas los riesgos. ¿Sabes que hay que andar por lo menos 30 minutos al día?
Celia, 12 años 99

66 ¿Tienes tendencia a engordar con facilidad? Entonces, además de pizzas, ¡come verdura en cada comida y 2 o 3 piezas de fruta al día!
Carmen, 11 años 99

Alimentarse bien en 5 lecciones

¿La receta del equilibrio? Comer solamente lo que el cuerpo gasta. Ni más, ni menos.

Lección 1: no hay nada contraindicado

Cada alimento es útil. ¡Come de todo! En cada comida, que haya un poco de las 5 familias indispensables: productos lácteos, cereales, fruta, verdura, grasas y carne-pescado-huevos. Y no te olvides: ¡todas las comidas son importantes! ¡Así que no te saltes ninguna!

Lección 2: tómate tu tiempo

Comer también es cuidarse. A veces, tienes tanta prisa que los alimentos acaban por no saberte a nada. ¡O bien estás delante de la tele sin prestar atención a lo que tienes en el plato! Es una pena.

Lección 3: come cuando tengas hambre

¿Cuántas veces no habrás picoteado porque te aburres o para consolarte de un disgusto, cuando en realidad no tienes hambre? Lo mismo con el plato delante. Cuando estás llena, tu organismo te manda una señal: ¡basta! Escúchale. Si te dejas algo, no pasa nada: todos tenemos necesidades distintas.

Lección 4: bebe

El agua es la única bebida imprescindible. Los refrescos y los zumos a veces tienen demasiado azúcar. Evita tomarlos con las comidas. Mejor resérvalos para las grandes ocasiones.

Lección 5: muévete

¡También es un modo de alimentar el cuerpo! El ejercicio físico regular te ayuda a mantenerte en forma y es bueno para la salud. ¿Eres alérgica al deporte? Una buena actividad es subir escaleras, andar o bailar en tu habitación…

33

Estoy demasiado flaca

¿Te llaman «palillo» en el colegio? Es normal que te fastidie. Estar delgada a veces se lleva tan mal como estar rellenita. ¡Pero atiborrarte a comida no es la solución!

Dos personas distintas que coman exactamente lo mismo y en la misma cantidad, no van a engordar igual. Así es, no todos somos iguales frente a la comida. Algunos eliminan más que otros. Quizá sea este tu caso. O bien es que te pasas todo el tiempo picando entre horas y te saltas las comidas principales. Tu alimentación está desestructurada y entonces hay que replanteársela.

La opinión del experto

Lo importante es cómo te sientes tú.

¿Siempre has estado delgada y sin embargo comes bien? En ese caso, no te preocupes: ¡eres normal! Para parecer menos menuda, puedes practicar un deporte que te guste. Hará que tengas más músculo y redondeará tu silueta.

Cuidado, estar delgada en exceso puede ser malo para la salud: se crece menos rápido y menos bien. En caso de duda, háblalo con tu médico.

Brigitte Coudray, dietista

❝ Yo también soy muy delgada. Varía tu alimentación, haz 4 comidas al día y come alimentos con mucha fécula.

Celia, 12 años ❞

❝ Bienvenida al club. ¿Por qué no adoptas un *look* surfero? Esa ropa ancha es superbonita y queda genial.

Estela, 13 años ❞

❝ Ponte camisetas o pantalones con rayas horizontales o de color blanco. Evita la ropa superajustada, parecerás menos delgada.

Ana, 11 años ❞

¡No quiero ponerme gafas!

Si tu médico ha decidido que tienes que llevarlas, es que de verdad las necesitas. Cuando no se corrigen los defectos de la visión, te expones a un montón de problemas: dolor de cabeza, dificultades en el aprendizaje, cansancio… ¿De qué tienes miedo? ¿De la reacción de los demás? No tienen por qué burlarse de ti a la fuerza.

¿De estar fea? ¿Por qué? Las gafas pueden cambiarte un poco la cara, es verdad, ¡pero no tiene que ser para mal!

Las llevo para mirar la pizarra. No me parece que queden mal. Al revés, parece que te dan un cierto encanto…

Jana, 11 años

Mira a tu alrededor, mucha gente las lleva… incluso cuando no tienen ningún problema de vista. Es un accesorio de moda. Y además, ahora las hay de mil formas y colores. Pide consejo en tu óptica. Seguro que encuentras alguna que te guste.

Más adelante, quizá puedas ponerte lentillas. De momento todavía eres un poco joven, ya que exigen a menudo unos cuidados; además, hay personas a las que les cuesta acostumbrarse a ellas.

Llevo gafas desde hace poco. Al principio me daba corte que me vieran mis amigos, pero en realidad no es para tanto. Veo mejor y, además, ¡me he comprado unas de superdiseño!

Carmen, 10 años

¡No paro de comerme las uñas!

¡Bienvenida al club de los onicófagos! Al igual que uno de cada tres niños de tu edad, la tienes tomada con tus uñas. Es una pena. ¿Sabes que pueden decir mucho acerca de ti? En efecto, su apariencia da muchas pistas sobre tu salud y tu personalidad. Sólo con mirarlas, un médico puede saber, por ejemplo, qué vitaminas te faltan.

En tu caso, escondes seguramente un temperamento un poco nervioso. Otros retuercen un mechón de pelo o abusan del chocolate, ¡y tú te muerdes las uñas! ¡Cada cual con su truco! Hasta los adultos tienen sus pequeñas manías.

Para quitarte esta mala costumbre, intenta averiguar lo que te angustia, y trata de ponerle remedio. Es mucho más eficaz que cualquier esmalte con sabor amargo…

¿Has probado de todo y tus dedos siguen en un estado lamentable? Quizá necesitas ayuda. Háblalo con tu médico.

" Córtate las uñas en cuanto estén un poco largas. ¡Así ya no habrá nada que morder!
Cintia, 10 años "

" Antes me mordía las uñas. Pero desde que me las cuido (las limo, me las pinto…) ¡están tan bonitas que me da pena que se me estropeen!
Carla, 13 años "

" Ponte cebolla en las uñas. ¡El olor y el sabor te quitarán las ganas de mordértelas!
Julia, 8 años "

Dime cómo duermes...

¿Cumples tus necesidades de sueño? ¡Averíqualo!

1. Si te vas a la cama a las 21.30, te despertarás por ti misma...

☀️ Al amanecer, hacia las 6.

☀️ Hacia las 7, como siempre.

☀️ No antes de las 8.

2. ¡Ringgg, suena el despertador!

▲ ¡Lo odias! Lo único que quieres es seguir durmiendo.

■ *¡Hop*, saltas de la cama!

● Remoloneas un cuarto de hora.

3. Por la tarde, en el cole...

● Te echarías una buena siesta.

▲ Das cabezadas sobre el libro.

■ Sigues concentrada y atenta.

4. Por la noche, en cuanto empieza la peli se te cierran los ojos...

■ Ni insistes, te vas a la cama.

● Echada en el sofá, la sigues a medias.

▲ Te pellizcas para no quedarte dormida.

5. Cuando tu madre te manda a la cama:

▲ Lees a escondidas hasta las 12.

■ Obedeces. ¡Pasadas las 9 te caes de sueño!

● Aunque estés agotada, protestas.

Resultados

Tu respuesta a la pregunta 1 te dirá si eres o no dormilona. Este perfil te acompañará toda la vida. ¡Para estar en forma, tendrás que respetarlo!

	Horas de sueño:
☀️ : Poco dormilona	Menos de 9 horas
☀️ : Dormilona «media»	Entre 9 y 10 horas
☀️ : Muy dormilona	Más de 10 horas

Las demás respuestas indican si duermes lo suficiente. ¿Que no es el caso? Corrige el desfase ayudándote del perfil definido por la pregunta 1.

Máx de ▲: desfase total

Por la noche no hay quien te haga irte a la cama. Nunca ves el momento de acostarte, pasas por alto los mensajes de alerta que te manda tu cuerpo, con lo que acabas acumulando una dosis tras otra de cansancio. ¡Venga, a la cama!

Máx de ●: sueño atrasado a la vista

Vale, en estos momentos no te sientes agotada. Pero bueno, tampoco estás en plena forma que digamos. Para cargar las pilas, una solución: dormir un poco más, y sobre todo antes.

Máx de ■: el buen ritmo

¡Odias ir sonámbula por la vida! El secreto de tu aspecto radiante es sencillo: cuando empiezas a bostezar, te vas directamente a la cama. Y al día siguiente estás como una rosa. ¡No pierdas tus buenas costumbres!

Test de Julie Got

Me cuesta conciliar el sueño

No es casual que dediquemos casi un tercio de nuestra vida a esta actividad. Cuando duermes, tu cuerpo y tu cerebro se recuperan. Al mismo tiempo, te sirve para crecer, gracias a la «hormona del crecimiento», una sustancia química segregada por tu organismo.

En lo tocante al cerebro, seleccionas y archivas la información recibida durante el día. Además, los sueños te permiten librarte de los recuerdos desagradables. Para conciliar el sueño con facilidad, crea un pequeño ritual: un buen libro, una página de tu diario, un baño caliente… Aunque a veces los problemas de sueño pueden deberse a razones médicas. Consulta con tu médico.

Las preocupaciones, o tu imaginación que te juega malas pasadas en la oscuridad, pueden alterar tu sueño. Pero lo más normal es que seas víctima de malos hábitos. Luchas contra los signos de adormecimiento que te envía tu cuerpo, y te acuestas demasiado tarde. Mal hecho. La falta de sueño provoca dificultades de atención, memorización, etc.

Adopta unos buenos hábitos de vida, acuéstate siempre a la misma hora y todo volverá a su cauce. A tu edad necesitas unas 9 o 9 horas y media de sueño.

Urbain Calvet, médico especialista en el sueño infantil

❝ **Si tienes miedo, pega estrellas fosforescentes en el techo y usa un despertador luminoso.**
Estela, 12 años ❞

❝ **Pon música, habla sola, canta una canción en tu cabeza, o pide a tus padres que apaguen la luz cuando te hayas dormido.**
María José, 9 años ❞

Receta soporífica

Para dormir bien, necesitas...

De 30 a 40 minutos de relax

Olvida la tele, los videojuegos o las carreras por el pasillo con tus hermanos. Todas estas actividades te alteran y no favorecen el sueño. Opta más bien por un libro, música suave o, por qué no, unos ejercicios de relajación. Una única regla de oro: ¡re-la-jar-se!

Una pizca de atención

No pases por alto los signos de cansancio. ¿Te pican los ojos? ¿No paras de bostezar? ¿Se te cierran los párpados? ¡Ahora es el momento! Si tardas demasiado, te tocará esperar hasta el siguiente ciclo, por lo general no antes de 1 hora y media o 2 horas...

4 cucharadas de ligereza

Una cena muy pesada dificulta el sueño: puede sentarle mal a tu estómago, ¡y de paso a ti también! Evita los cócteles tonificantes, como dulces y refrescos.

Opta por un poco de leche, una tisana o un vaso de agua. Y acuéstate al menos 2 horas después de haber cenado. Te resultará más fácil entrar en el país de los sueños...

100 gramos de tranquilidad

Líbrate de las cosas que te preocupan comentándolas con alguien, tus padres o tu hermano mayor, por ejemplo. También puedes escribirlas en tu diario. Te sentirás más ligera para dormir

3 cucharadas de suavidad

Un pijama mullidito, paredes en colores pastel, ayudan a crear un ambiente relajante. Además, la temperatura ideal en una habitación es de 18 grados. Si tienes frío, ponte otra manta en vez de subir la calefacción.

39

Toda la verdad sobre el aparato dental

¡Basta de miedos!
Separa lo verdadero de lo falso.

Duele un montón
FALSO

¡No es para tanto! Vale, es algo molesto, pero no es un dolor insoportable, te lo aseguro. Cuando te ponen el aparato, no sientes nada. Al cabo de unas horas, molesta un poco, tira, te cuesta comer… Lo mismo pasa cuando el dentista lo reajusta, cada 3-5 semanas. Pero al cabo de tres o cuatro días, esas pequeñas molestias desaparecen. En realidad, depende mucho de tu umbral de tolerancia. Algunas personas sólo se alimentan de sopa durante una semana, pero otras no sienten ningún tipo de molestias.

¡Es un corte!
FALSO

Ahora, incluso las estrellas de cine no dudan en atreverse a sonreír abiertamente cuando lo llevan. Además, ¡si llevas aparato es para tener más adelante una dentadura preciosa!

> No hay que tener miedo. Hoy en día los dentistas ya no son como los de antes. ¡Te tranquilizan, son simpáticos y contestan a todas tus preguntas!
>
> Alicia, 10 años

Exige más cuidados
VERDADERO

Eso sí que es verdad: tu higiene dental tiene que ser más que perfecta. En efecto, si no eliminas los restos de comida que quedan enganchados en el aparato, puedes tener problemas.

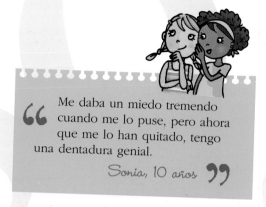

> Me daba un miedo tremendo cuando me lo puse, pero ahora que me lo han quitado, tengo una dentadura genial.
>
> *Sonia, 10 años* 99

Cepíllate los dientes dos veces al día como mínimo.
También hay que tener cuidado al comer. Si es un aparato de quita y pon, hay que quitárselo. Y con los hierros es mejor evitar alimentos que se queden pegados, así que adiós a los chicles y caramelos… Si no, las plaquitas se despegan y el tratamiento se alarga.

Da un cante… **FALSO**

¿No te parece que exageras? Claro que el alambre o los hierros son difíciles de disimular. Pero mira a tu alrededor: ¡no eres ni mucho menos la única! Quizá esto no te sirva de consuelo, pero son muchas las personas en situación de darte consejos o de tranquilizarte. Además, ahora los aparatos son muy discretos. Pero ojo, a menudo son más caros. Todo depende de tu problema dental. Háblalo con tus padres o tu dentista.

¿Tanto tiempo…? **VERDADERO**

Hay que contar una media de dos años, cualquiera que sea tu problema. Además de otro año como mínimo llevando un aparato por la noche para consolidar los resultados. La dentadura no se corrige así como así. Necesita su tiempo, ya que todo su entorno (huesos, encías, ligamentos…) se mueve con ella.

Molesta cuando quieres dar un beso **FALSO**

¿Quién te ha contado semejante cosa? No hay ninguna contraindicación. ¡No empieces a imaginarte descargas eléctricas o alambres enganchados!

> Al principio, no podía ni morder un cruasán de tanto como me dolía. ¡Pero al cabo de una semana, se acabó! Tengo una amiga que llevaba gomas de color violeta en los hierros, queda genial.
>
> *Manuela, 13 años* 99

Tabaco: ¡cómo decir que NO!

¿Te ofrecen un cigarrillo? No caigas en la trampa.

Ser adulto es saber decir que no

La ley prohíbe vender tabaco a los menores de edad. Así que, para ti, fumar es un privilegio «de persona mayor». Conclusión: piensas que para parecer más madura, basta con sacar el paquete de tabaco. Pues te equivocas. No por llevarte un pitillo a los labios vas a parecer mayor como por arte de magia. Tener la valentía de decir que no, eso sí que es comportarse como un adulto.

" Cuando veo a gente de mi edad encender un cigarrillo, me entran ganas de probar. ¡Pero no voy a caer en eso! Es malo para la salud, la voz, los pulmones…

Marga, 12 años y medio "

¡No me gusta que me manipulen!

Para las empresas tabaqueras, el consumidor del mañana eres tú. Pues el problema con los fumadores es que viven menos tiempo, y hay que buscarles sustitutos… Y tú eres el cliente perfecto: la mayoría de los fumadores actuales empezaron a fumar en la adolescencia, o incluso en la niñez. Y ya ves, no les es fácil dejarlo. Por eso, antes de que aprobaran las leyes antitabaco, las empresas hacían de todo para que cayeras en sus redes: cajetillas atractivas, camisetas gratis, eventos deportivos, animación de fiestas… Ahora lo tienen más difícil, pero ¡no dejes que te manipulen!

¡No quiero tener un aliento apestoso, el cutis apagado y los dientes amarillos!

Eso es exactamente lo que te espera si decides empezar a fumar, por no hablar de los nefastos efectos para la salud.

Es muy sencillo, corres menos peligro al cruzar una calle que fumándote un cigarrillo. Con cada calada, te tragas un menú de lo más apetitoso: cianuro, formol, acetona, amoniaco… Consulta el diccionario, ¡se trata de verdaderos venenos! En total, un cigarrillo contiene más de 4.000 sustancias.

Prefiero ser libre

Los fumadores no dudan en decirte que gracias al tabaco se sienten más «cool» y relajados…

" En 1º cometí la tontería de empezar a fumar (para hacerme la interesante) y ahora no puedo dejarlo. ¡Se me va toda la paga en tabaco!

Cristina, 13 años

El padre de una amiga estuvo a punto de morirse porque fumaba demasiado. Ahora tiene que ir todos los meses al hospital para que le pongan unos tubos. ¡Es horrible! ¡Yo no voy a fumar ni loca!

Carolina, 9 años "

¡Se equivocan totalmente! Al principio, es verdad que sienten placer, sobre todo gracias a la nicotina. Esta sustancia tarda 20 segundos en llegar al cerebro y estimula una zona que desencadena sensaciones agradables. Pero al cabo de unas horas estos efectos desaparecen. El fumador se vuelve nervioso, irritable: necesita otro cigarrillo. ¡Ya ha caído en la trampa! ¡No puede prescindir del tabaco! Estudios recientes han demostrado que, en algunos jóvenes, la dependencia puede producirse fumando 2 cigarrillos a la semana.

¿Quién eres?

Espejito ? espejito... ??

¿Qué personalidad se esconde tras esa imagen?
¡No es fácil contestar a la pregunta!
Inicia el más fabuloso de los viajes:
¡el descubrimiento de ti misma! ¿Cuáles son tus defectos,
tus cualidades, tus sueños secretos…?
¡Todas las respuestas en este capítulo!

¿Tienes una buena imagen de ti misma?

Mide lo importante que te sientes.

1. Por la mañana, ante el espejo, te dices:
A Cielos, ¿«eso» de ahí soy yo?
B ¡Vaya, me ha salido un grano!
C No dices nada. Sonríes.

2. En el cole, la estrella es Clara:
A Nunca la miras, te deprime.
B La observas y copias sus trucos de belleza.
C Clara eres tú.

3. Tienes un disgusto amoroso:
A No hay nada que pueda animarte.
B Llamas a Cris para que te ayude.
C Se te pasa pronto. A fin de cuentas, no te merecía.

4. Elena se ha «olvidado» de invitarte a su cumple:
A Normal, eres tan aburrida.
B La llamas para que te dé una explicación.
C ¿Conque esas tenemos? Organizas una fiesta el siguiente fin de semana… y no la invitas. ¡Faltaría más!

5. Vaya, una mala nota en el último examen:
A Normal, eres un desastre.
B Pides al profe que te explique tus errores.
C Todo el mundo lo sabe: ese profe es supersevero.

Mayoría de A
Aprende a quererte
¿Pero por qué eres tan dura contigo misma? ¡Todo el mundo tiene cualidades y defectos! Aprende a reconocer los tuyos y a dejar de ver sólo la parte mala de las cosas.

Mayoría de B
Estás a gusto contigo misma
Vas por buen camino. Te gustas lo suficiente como para apreciarte en tu justo valor sin negar tus puntos débiles. ¡Felicidades! Tener confianza en ti misma siempre te será de gran ayuda en la vida.

Mayoría de C
¡Que se quiten los demás!
Las dudas no van contigo. Tienes una excelente imagen de ti misma. ¡Bravo! Semejante confianza te ayudará a conseguir cuanto te propongas. Pero cuidado: no caigas en el exceso. Creer en una misma está bien, pero ser orgullosa, no tanto.

. Test de Sophy Camacho

Soy un horror

Hay que aceptarse tal y como somos.

Nadie es perfecto. Todos tenemos
defectos… ¡pero también
cualidades! ¡Sí, tú también!
¿No te lo crees? Pregunta a
tu alrededor: ¿qué es lo que
ven en ti tus amigas? ¿Qué les gusta a tus padres
de ti? Y toma buena nota de lo que te digan.
Pues eso, ¿sigues viéndolo todo tan negro como
pensabas?
Y además, ¿en qué consiste la belleza? Una
encuesta rápida entre los que te rodean te
demostrará que hay opiniones para todos los
gustos. Quizá te ves «fea» porque te gustaría
parecerte a las chicas que salen en las revistas.
Y te desesperas porque tu «modelo» te parece
inalcanzable. ¡No seas tan exigente contigo
misma!

La opinión del experto

Casi nunca
estamos
satisfechos
con nosotros
mismos.
Siempre hay un desfase
entre la persona que
querríamos ser y la realidad.
Lo que es difícil es aceptarte
tal como eres. Y cuesta
todavía más si en casa no
paran de repetirte frases
como «¡Es que pareces
tonta!» y otras cosas por el
estilo.

Para superarlo, concéntrate
en tus logros, desarrolla tus
puntos fuertes. Tus
«defectos» te parecerán
más llevaderos.
*Sylvie Companyo,
psicóloga*

❝ Si no te gustas
físicamente, puedes
intentar cambiar tu
look o tu corte de pelo.
Marina, 10 años ❞

❝ Yo también me veo
fatal a veces. Pero me
digo que la belleza no
es lo único que cuenta,
también está la
personalidad.
Lorena, 10 años ❞

❝ Igual que le pasa a
mucha gente, a veces
yo tampoco me gusto.
Pero en el fondo, «mis
defectos» son una parte
de mí misma. Y
además, a mis amigas
les gusta cómo soy,
así que…
Laura, 12 años ❞

47

Haz las paces contigo misma

¡Operación seducción!
Cómo apreciarte por fin en lo que vales.

Escucha tus deseos

Quieres que te quieran. Normal.
Pero pones tanto empeño en gustar
a los demás que te olvidas de lo
más importante: ¡gustarte a ti
misma! Sin embargo, no hay nada
malo en pensar un poco en
uno mismo, al revés.
Aprende a decir que no,
a defender tus ideas…
sin sentirte culpable.

No te olvides de tus logros

¡Fracasar en todo es imposible! Tú
también tienes necesariamente tu
pequeña colección de éxitos: la
notaza en el ejercicio de mates
que te había costado tanto, ese
gatito perdido al que rescataste, el
agradecimiento de tu amiga Julia
por ayudarla… ¡Pues claro que se
te dan bien muchas cosas! ¿Y si las
anotaras para evitar que no caigan
en el olvido?

Acéptate tal como eres

Sí, es verdad, tienes algunos
defectos. Como todo el mundo. ¿Y
qué? ¿crees que eso te hace menos
interesante? Mira tu amiga Marta.
A veces tiene un pronto que se las
trae… ¡y sin embargo la adoras!
No trates de parecer a toda

" Los complejos revelan nuestra
angustia de no estar a la altura.
Pero a menudo son fruto de nuestra
imaginación, ya que nadie es
perfecto. Y además, ¡lo que no nos
gusta de nosotros mismos puede que
a otros les encante!

Mónica, 11 años

¡Cada uno es como es! Y cuando me
pillo mirándome con malos ojos en
el espejo, me digo que mis amigos
me quieren tal y como soy y eso es
lo que cuenta.

Paula, 13 años "

Cuando me entran dudas, pienso en las cosas buenas que han dicho de mí, y al final ¡me digo que tampoco estoy tan mal!

Carolina, 12 años

Todas somos iguales: nunca nos encontramos lo bastante esto o lo bastante lo otro. Basta con rebuscar un poco. ¡Incluso cuando nos hacen un cumplido, no acabamos de creérnoslo! Pienso que ese es nuestro peor defecto.

Elsa, 10 años

Cuida de ti

Sé buena contigo misma: date permiso para cuidar tu aspecto. ¡Es normal querer estar guapa! Piensa también en regalarte algún capricho de vez en cuando, como esos pendientes con los que sueñas, o en hacerte a ti misma algún cumplido, ¿por qué no?

costa un modelo de perfección. ¡No lo conseguirás! Siempre estarás insatisfecha. Deja entonces de juzgarte negativamente y no pienses que vas a decepcionar a las personas que te quieren. Seguirán queriéndote a pesar de todo. Intentar ser mejor está bien. Pero no pongas el listón demasiado alto, ¿vale?

10 trucos para ahuyentar la «depre»

¡Cómo subirte la moral
en un abrir y cerrar de ojos!

No te aísles

Si no, ¡lo vas a ver todo negro!
Llama a tus amigas al rescate,
proponle a un familiar jugar a algo
juntos… Vamos, recurre a los
demás.

Arriba ese ánimo

¡Desdramatiza! Sí, te has peleado
con tu mejor amiga. Sí, la fiesta del
sábado se ha cancelado. Todo te
parece espantoso en ese momento.
Pero sobrevivirás, como siempre.

> 66 Si me da el bajón,
> me concentro en una actividad que
> me gusta. ¡Así me olvido de mis
> problemas!
>
> *Alicia, 13 años*
>
> Cuando las cosas no van bien, quedo
> con mis amigas, saco a mi perro a
> pasear, escucho música…
>
> *Lola, 10 años* 99

En vez de lamentarte (lo que no te
servirá de nada), piensa en positivo:
seguro que hay alguna forma de
reconciliarte con tu amiga…

Desahógate

¿Estás triste, enfadada, te sientes por
los suelos? Pégate con la almohada,
baila como una loca tu música
preferida, sal y pega un grito de
rabia… ¿A que sienta fenomenal?

Haz un concurso de muecas

Plántate ante el espejo y pon caras.
¿Te sientes ridícula? Invita a una
amiga o incluso a toda tu familia a
participar. ¡En 5 minutos, las risas
están garantizadas!

Vuelve a leer tus apuntes «anti-depre»

Sí, esa lista en la que apuntas cada cumplido que te hacen: la felicitación del profe, cuando quien tú ya sabes te dijo lo guapa que estabas… ¡Pues sí, eres genial!

Ponte ropa de colores

Vale, no estás para fiestas… Pero si además llevas ropa oscura, ¡eso no ayuda mucho que digamos! Entonces, cambia el negro por el amarillo, el naranja, el verde o el azul…

Regálate una dosis de risas

Seguro que en casa tienes pelis, libros o comics con los que siempre te partes de risa. ¡Date un atracón!

Oxigénate

Nada mejor que un paseíto en plena naturaleza para olvidar las preocupaciones. Concéntrate en el canto de los pájaros, la caricia del viento, el aspecto de las nubes, el olor a hierba… Respira hondo. Mejor, ¿no?

> ❝ ¿Mi remedio anti-depre? ¡Un buen pastel de chocolate!
> *Lucía, 9 años*

> Para no desanimarme cuando las cosas no salen como pensaba, me digo «uf, podría haber sido peor».
> *Amalia, 9 años* ❞

Conviértete en otra

¿Ya no puedes verte ni en pintura? Juega a transformarte: revuelve en el trastero, pide ropa prestada a tu madre, a tu hermana o… a tu padre, ¡y disfrázate! ¿Qué personajes quieres interpretar?, ¿ese profe estirado, la estrella de cine? Deja volar tu imaginación e imita a aquellas personas que te sacan de quicio o a aquellas a las que te gustaría parecerte.

Ajusta las cuentas

Los medios más sencillos son a veces los más eficaces: escribe negro sobre blanco lo que te preocupa, hará que te sientas aliviada.

mister CoMicO

¿Eres tímida?

Haz este test para salir de dudas.

1. Cuando acaba el concierto de tu ídolo, corres a…
B Pedirle un autógrafo.
C Hacerte una foto con él.
A Comprarte su póster gigante.

2. En la cola del cine, alguien se cuela:
A Pasas, qué más da un minuto más o menos.
B Dices en voz alta: ¡los hay que tienen una cara…!
C Te vuelves a poner por delante: ni hablar de que te quiten el sitio.

3. Tu divisa es…
B Quien no arriesga, no gana.
C La suerte es de los que se atreven.
A No por mucho madrugar, amanece más temprano.

4. Tu amiga te pidió prestada una camiseta y tarda en devolvértela. ¿Qué dices?
B La camiseta es mía, ¿sabes?
A Mi madre me ha preguntado dónde la he metido.
C No esperes a que esté desteñida para devolvérmela.

Calcula tu puntuación:
A = 0
B = 1
C = 2

+ de 6 puntos
¿Tímida tú? ¡Me temo que no!
Te sientes estupendamente contigo misma. De carácter extrovertido, no tienes ningún problema en hacer amigos o en enfrentarte a nuevas situaciones.

De 3 a 6 puntos
Dudas, pero te haces con la situación
Sabes defender tus ideas y, entre amigas, incluso te creces. La cosa se pone más difícil cuando se trata de desconocidos. Te sientes incómoda, pero una vez que ha pasado el efecto sorpresa, te repones y superas el estrés.
¡Bravo!

- de 3 puntos
Dudas de ti misma
Para ti, la opinión de los demás cuenta mucho. Por eso te cuesta imponerte. Es una pena, ya que tienes un montón de cualidades. Toma un poco de distancia, no te hagas tantas preguntas y lánzate.

Test de Laurence Rémy

Bailar me da corte

¿Piensas que vas a ser el blanco de todas las miradas y que se reirán de ti si lo haces fatal? ¡Pues te equivocas! ¿Cuál es el secreto de esas amigas que te parecen tan lanzadas? ¡Se olvidan de sus complejos! Al igual que tú, no son perfectas. ¿Y qué? Bailan para divertirse, no para que las miren. ¡La opinión de los demás les trae sin cuidado! Haz como ellas. Sigue este consejo: cierra los ojos, déjate llevar por la música. Balancea los brazos, flexiona las piernas. Abre los ojos y levanta la mirada. ¡Estás bailando!

Otro truco: lanzarse en el momento adecuado… Cuando haya bastante gente en la pista, por ejemplo… Mezclada con los demás, te será más fácil pasar inadvertida.

Y si te sientes algo incómoda con tu cuerpo, eso tiene arreglo. Bailar se aprende. No se trata de una competición en la que tienes que reproducir a toda costa la coreografía de una estrella de la canción. A cada cual su estilo. Puedes entrenarte en casa mirando videoclips con tus amigas, o dar clases de baile.

" No hay ninguna técnica en especial. ¡Cada uno se mueve como le parece! Relájate y saldrá solo.

Ana, 12 años "

" Al principio me daba corte, igual que a ti. Entonces me fijé en los demás e intenté imitarles. El truco es no pensar en ser perfecta en la pista.

Cris, 10 años "

" Si eres un poco «payasa», puedes hacer como que bailas mal a propósito, ¡así disimulas que se te da fatal!

Elena, 11 años "

53

9 trucos anti-timidez

¿Te pones colorada por cualquier cosa?
¿Te da vergüenza hablar? Eso tiene arreglo.

Practica la relajación

Dos minutos de respiración abdominal y los latidos desbocados de tu corazón se calman como por arte de magia. ¡Pruébalo!

Haz una lista de situaciones críticas

Identifica los momentos que te hacen pasar un mal rato. ¿Al hablar en público? ¿Al presentarte a un desconocido? Sabrás así lo que te estresa y podrás afrontar mejor las situaciones que te intimidan.

Márcate desafíos

No sirve de nada poner el listón demasiado alto, basta un pequeño gesto. Por ejemplo, saluda a una chica de tu clase sin apartar la mirada. Al día siguiente, anímate a saludar a otra… Multiplicando las pequeñas victorias, acabarás por tener más confianza en ti misma.

> 66 Canta en un coro. Al principio no te atreverás a lanzarte tú sola, pero acabará saliéndote. Pero cuando puedas cantar en solitario, ¡se acabaron los problemas!
>
> Lola, 9 años
>
> Soy supertímida. Pero desde que salgo con unas amigas que no lo son en absoluto, ¡menudo cambio!
>
> Cintia, 12 años 99

Deja de compararte con los demás

Es obvio que siempre vas a encontrar en tu entorno chicas más guapas o más inteligentes. Claro, pero esas personas a lo mejor son menos simpáticas… El problema es que no sueles razonar así. Siempre te parece que son mejores que tú. Actuando de esta manera, lo único que haces es desvalorizarte. ¿Merece la pena?

Acepta los cumplidos

Confiesa: cuando te dicen algún piropo, te empeñas en quitarle importancia, e incluso en pedir disculpas, como si no lo merecieras. ¡Basta! ¿Y si sólo dieras las gracias?

oh... gracias... aunque, sabes, no es para tanto

Tira tu timidez a la basura

Dibújala, arruga el papel y ¡a la basura! Este pequeño ritual simbólico te ayudará a superar tu problema.

Deja de contarte historias

¡Los tímidos tienen mucha imaginación! Está claro que fulanito te encuentra horrible. ¿Cómo lo sabes? Estás convencida y no se hable más. Aunque nada demuestre que piensa eso de ti. Caes en lo mismo una y otra vez, interpretas los gestos de los demás: en tu contra, claro.

Y a menudo acabas creyéndote lo que no es...

Que las personas no te intimiden

¿Cómo? Imaginándotelas en una situación disparatada, en bañador en el Polo Norte, por ejemplo, o bien actuando como si alguien de tu confianza estuviera a tu lado. Te sentirás más segura frente a los demás.

Escribe lo que quieras

¿No consigues expresarte? ¡Pon todo lo que se te ocurra por escrito! Poco a poco irás ganando confianza en ti misma y te resultará más fácil.

> Yo hago teatro. Es más fácil expresarse cuando se interpreta un papel. Eso me ha ayudado mucho.
>
> Julia, 13 años
>
> Para luchar contra la timidez, me imagino en una situación que me ponga nerviosa. Y en mi cabeza actúo como si fuera otra persona para nada tímida. ¡Eso ayuda!
>
> Clara, 11 años

7 claves para tener confianza en ti

¿Dudas de ti misma? Sigue estos consejos.

Aprende a decir que no

No te atreves porque culpabilizas: temes hacer daño o que la gente se enfade. Es comprensible, ¡pero haces mal! Tienes derecho a tener tus propios deseos y a expresarlos. ¿Cómo si no vas a conseguir que te respeten? Afirmarte en tus ideas cuando no estás de acuerdo con algo, permite a los demás saber dónde están tus límites. Evita, sin embargo, hacerte la caprichosa diciendo sistemáticamente NO…

Da tu punto de vista

Eso no te impedirá ser apreciada y querida. ¡Porque tú también tienes cosas interesantes que decir! Si siempre eres de la misma opinión que los demás, nunca sabrán lo que piensas realmente. En el peor de los casos, no hay mucho que perder. Si no estás de acuerdo con alguien, no por ello vais a pelearos, sino a dialogar y, por tanto, a conoceros mejor. Interesante, ¿no?

Acepta los fracasos

Sí, te has equivocado. Has tomado la decisión incorrecta, no has estado bien. Vale, eso le pasa a cualquiera. Lo que cuenta es lo que uno hace después. No te bloquees dando vueltas a tus errores. ¡Ya no puedes dar marcha atrás! Pero sí que puedes aprovechar esa «metedura de pata» para hacerlo mejor la próxima vez: intenta entender lo que hiciste mal. Seguro que esa no eres tú. Simplemente elegiste la estrategia equivocada, eso es todo. ¡La próxima vez actuarás de otro modo!

BLA BLA BLA BLA

> " Cuando dudo de mí misma, miro mi álbum especial: he pegado todas las fotos en las que me gusta cómo salgo.
>
> *Lucía, 9 años*
>
> Cuando no tengo confianza en mí misma, para ayudarme pienso en alguien a quien quiero un montón y me pregunto: ¿qué haría en mi lugar?»
>
> *Virginia, 12 años* "

Atrévete a actuar

Te angustia la idea de emprender una nueva actividad, te da miedo iniciar una conversación… Toda experiencia novedosa se te hace muy cuesta arriba porque dudas de tus capacidades para salir bien parada. Es normal: no puedes prever el resultado final. ¿Eso te hace tirar la toalla? Sal como ganadora, te será más fácil.

Vete de ganadora

¿Sabes que tu cuerpo habla por ti? Asimila los gestos que te den confianza en ti misma: mira a la gente a los ojos cuando les hables y no andes con la cabeza gacha.

Aplica el método Coué

Es el método de la autosugestión: ¡a fuerza de repetirse algo, uno acaba por convencerse de ello! Inténtalo con estas frases: «lo voy a conseguir», «puedo hacerlo»… También puedes copiar en tu cuaderno frases que te ayuden a perder el miedo a equivocarte, como: «Quien no yerra, no aprende».

Visualiza tu éxito

Según algunos especialistas, representarse mentalmente una situación que causa temor, puede ayudar a abordarla más fácilmente. Demostración. ¿Estás segura de que vas a suspender ese examen? Túmbate en la cama con los ojos cerrados. Imagínate la escena con todo detalle, como si estuviera sucediendo: el color de tu vestido, el lápiz de tu compañera… Luego mira tu hoja y concéntrate en la buena nota deseada. Pero cuidado, ¡eso no te libra de estudiar!

57

¿Sabes decir que no?

Test: ¿puedes negarte a hacer algo que te desagrada?

Instrucciones:
marca SÍ o NO en cada frase.

Sí   NO

1. ¿Tienes 3 euros?, te pregunta Boris. Nunca te los va a devolver, pero da igual, se los prestas.

2. Esther te intenta convencer de que os saltéis una clase. ¿Accedes?

3. Tu pandilla se burla de una chica. Aunque te parece fatal, tú también te ríes, ¡no vaya a ser que entonces se rían de ti!

4. Haces un favor sólo para caer bien.

5. Aunque lo que te esté contando una amiga tuya te parezca mal, la escuchas.

6. Clara quiere que le dejes tu jersey nuevo. Te fastidia, pero aún así se lo prestas con una sonrisa.

7. Un chico que te gusta poco quiere besarte. ¿Te dejas?

8. Blanca, que piensa que vistes fatal, no te hace ni caso. Estás dispuesta a cambiar de *look* para ganarte su amistad.

9. No te apetece nada apuntarte a la fiesta de Sandra. Aun así, ¿vas?

10. Isa te copia en todos los exámenes. Aunque te sienta fatal, te callas.

Suma tus SÍES

❀ De 0 a 3: ¿decir que no? ¡Ningún problema!

¡Ni se te ocurre dejarte influenciar! Tienes el suficiente carácter como para no aceptar lo que te desagrada. ¿Tus amigas amenazan con dejarte de hablar? Es una pena, pero da igual. De todos modos, contigo es inútil insistir.

❀ De 4 a 7: ¿decir que no? Pues no está tan claro...

Si algo te cuesta mucho, consigues negarte. Pero si la persona que tienes enfrente te insiste, estás dispuesta a cambiar de opinión. En el fondo, te sientes un poco culpable de no hacerle el favor... Muéstrate más firme: ¡cuando es no, es no!

❀ De 8 a 10: ¿decir que no? ¡Qué difícil!

Enfrentarte a los demás, ¡menudo trance! Si te muestras en desacuerdo, tienes miedo de que te marginen o te tachen de traidora. Intenta cobrar confianza para no verte metida en situaciones de las que luego no sabes cómo salir.

Test de Julie Got

Desarrolla tu espíritu crítico

Para formarte tu propia opinión, sigue estos consejos.

Sé prudente

No te creas sistemáticamente todo lo que te digan. Nadie está en posesión del saber universal. Y recuerda que todos podemos equivocarnos. Así que no confíes ciegamente… ¡Pero cuidado, no caigas en el exceso contrario! Nunca podrás comprobarlo todo por ti misma. Trata de sacar tus conclusiones, pero sin ponerlo todo en duda.

Sé curiosa

No hay una única manera de pensar o de hacer las cosas. Entonces, para forjarte tu propia opinión, no te contentes con un solo punto de vista. Infórmate preguntando a otras personas, consultando libros, viendo documentales o navegando por Internet…

No estás obligada a compartir la opinión de la mayoría.

Tómate tu tiempo

Es verdad que confiar es muy importante. ¡Pero tampoco hay que ser ingenua! Si no, corres el peligro de dejarte manipular o influenciar. Conclusión: cuando Elena afirma que Víctor y Clara salen juntos, no te lances enseguida a proclamarlo a los cuatros vientos. Espera mejor a estar segura…

Sigue tu instinto

Escucha tu voz interior. A menudo es buena consejera. Si la señal de alarma salta en tu cabeza, desconfía. ¡Quizá se trate de una mentira gordísima!

59

Sigo teniendo un peluche

¿Y qué? No tiene por qué darte vergüenza: ¡no eres ni mucho menos la única! Es verdad que puede parecer un poco infantil. Pero este peluche lo conoces desde siempre. De pequeña, calmó tus miedos, fue tu confidente, alivió tus penas. Es normal que te resulte difícil desprenderte de él. Es como si tuvieras que despedirte de un amigo muy querido. No te preocupes, pronto podrás separarte de él sin sentir pesar.

Entre tanto, para evitar que se rían de ti, sé discreta. Hay un montón de peluches pequeños que no se ven mucho o que pueden esconderse debajo de un almohadón. Intenta también prescindir de él en ocasiones: no es un objeto mágico que tiene la respuesta a todos tus problemas. ¡Las soluciones están en ti! Cuando lo hayas entendido, ya no lo necesitarás. Hasta entonces, ¿por qué privarte de lo que te da seguridad?

La opinión del experto

Tener un peluche, chuparse el dedo… son costumbres habituales en los niños pequeños. A lo mejor te da un poco de miedo hacerte mayor. Es normal, ¡sabes lo que dejas atrás pero no lo que te espera! Si te cuesta mucho desprenderte de él, háblalo con alguien de tu confianza.
Sylvie Companyo, psicóloga

‟ ¡Sigo teniendo el osito de cuando nací! Si te hacen algún comentario, di que es tu amuleto.
Jimena, 10 años „

‟ Yo también tengo un peluche, pero lo dejo siempre encima de la cama. Haz como yo, ¡así nadie sabrá que tienes uno!
Elena, 11 años „

‟ A pesar de mi edad, sigo teniendo un enorme peluche encima de la cama. No puedo pasarme sin él ni una sola noche. ¡Ya ves que no eres la única!
Celia, 13 años „

Sigo jugando a las muñecas

¿Quién ha dicho que a tu edad ya no deberías? ¡Todo lo contrario! ¡Haces muy bien! Deja que te critiquen. ¡Si supieras la cantidad de chicas que están en tu situación! Sólo que, al igual que tú, no se atreven a decirlo.

No te preocupes: jugar a las muñecas no es para nada «de niñas pequeñas». Es una actividad que evoluciona contigo. De pequeña, reproducías el comportamiento de tu madre. Ahora ya no tiene nada que ver con eso. Escenificas tus sueños (ser cantante, por ejemplo), haces que tus personajes vivan amistades… Y además, eso te permite compartir cosas con tus amigas.

No te creas que por un lado están las que juegan con muñecas y por otro las que se pasan el recreo hablando de chicos y de moda. No te prives de una actividad que te gusta, simplemente por imitar a las demás. Cada cual tiene sus gustos. Respetarlos es la base de la amistad.

> 66 ¿Quién te ha dicho que jugar con muñecas es de niñas pequeñas? Divertirte vistiendo a tus «modelos» no es para nada infantil, ¡eso se llama estilismo!
> Lola, 10 años 99

> 66 Jugar con las muñecas demuestra que necesitamos dejar volar la imaginación y eso no tiene nada de infantil. A veces juego con mi hermana mayor y lo pasamos genial.
> Carolina, 12 años 99

> 66 Estoy en 2° y sigo jugando a las muñecas. ¿Por qué tendría que dejar de hacerlo? ¡Tengo derecho a disfrutar de la infancia!
> Olivia, 13 años 99

Sácale partido a tus defectos

¡Adelante, que tú puedes!

Tú eres tú y tus «defectos»

Pero antes, una aclaración: lo que tú llamas «defectos» es también un aspecto de tu físico y de tu personalidad. Forman parte de ti y contribuyen a que seas única. Ahora bien, tendrás que corregir esos rasgos de carácter un poco extremos para sentirte realmente bien contigo misma.

sapo con gafas

intelectual

Descubre los que sí importan

A tu alrededor, probablemente nunca se han dado cuenta de tu «nariz torcida» o de tu supuesta "sensiblería". Entonces, ¿por qué no eres capaz de fijarte en otra cosa! ¡Cuestión de punto de vista!

¿Te consideras demasiado sensible? Eso es que estás más pendiente de los demás. ¿Poco inteligente? Hacerse esa pregunta ya es dar muestras de inteligencia… ¿Demasiado habladora? ¡Eso es que tienes mucho que decir! ¿Ves cómo se hace? Da la vuelta a la situación: intenta ver el lado positivo. Y si de verdad fuera preciso, usa algún truco. Como inventar, por ejemplo, un cuaderno especial de observaciones para satisfacer tu «excesiva» curiosidad. Todo esto te ayudará quizá a ser objetiva y dejarás de inventarte defectos imaginarios.

La prueba de la verdad

Ahora, haz balance de tus defectos. Escríbelos en un papel y tacha los que tú crees que no son realmente importantes. Ves, ya quedan muchos menos. Estos son los que tienes que combatir para estar en consonancia contigo misma.

Tengo mal carácter

¡Reconocerlo ya es bastante! ¿Pero qué es lo que entiendes por «mal carácter»? ¿Te enfadas por cualquier tontería? ¿Saltas a la mínima? Puede que seas un poco susceptible… ¡Al menor comentario te pones hecha una furia! Nadie te comprende. Todo el mundo tiene algo contra ti. Debes de sentirte muy sola. Relájate, lo que te ocurre es muy frecuente.

> El mal carácter, me temo que sé lo que es. Pero desde que estoy enamorada, intento ser más amable. Encuentra una motivación y las cosas irán mejor.
> *Olivia, 12 años*

¿Por qué estás tan gruñona en estos momentos? Si hay cosas que te preocupan, no te las guardes. Si se acumulan, acaban convirtiéndose en una pesada carga. Habla de ello, te sentirás más ligera.

> ¡Perder los nervios puede ocurrirle a cualquiera! Para ayudarte, escribe lo que piensas en tu diario.

A lo mejor es que te cuesta expresar tus sentimientos. ¡Pero rumiando en un rincón no vas a arreglar las cosas! Es normal que tus padres o tus amigas cometan torpezas, que te digan cosas que te molestan o te hieren si no saben lo que sientes. ¡Si no les das pistas, cómo quieres que lo adivinen! Prueba con este sencillo truco: pega en la puerta de tu habitación una pancarta de «estados de ánimo». Una nube negra significa tormenta… ¡Las personas que viven contigo estarán avisadas!

> Cuando estoy a punto de saltar, para calmarme pienso en algo que me guste mucho. Luego miro a mi alrededor y me digo: ¿pero por qué pierdo los nervios? ¡Otros tienen muchos más motivos que yo!
> *Amanda, 10 años*

Siento celos

¡Pues no eres la única! ¿Sabes que este sentimiento está muy extendido? Cuando se quiere a una persona, a menudo se tiene miedo de perderla y querríamos que fuera sólo para nosotras. ¡Es normal! El problema es cuando los celos se vuelven enfermizos. Por mucho que te diga la persona a la que quieres, ¡nunca te quedas tranquila! Interpretas el menor gesto de forma equivocada. ¿Que Lisa está hablando con esa víbora de Noelia? ¡Seguro que están maquinando algo contra ti! ¿Martín mira a otra chica? ¡Ya está, salen juntos! ¡Basta! Espiando y controlando todo lo que hacen los demás, lo único que consigues es sufrir. ¡Dudas de que puedan quererte, puesto que quererte a ti misma es algo que te cuesta! Intenta creer en ti un poquito más.

> 66 ¡Tener celos le pasa a cualquiera! Puede ocurrirte si por ejemplo tienes una amiga que tiene mucho éxito. La próxima vez que te suceda, piensa en lo que tú tienes. Quizá veas que tú tienes cualidades que ella no tiene.
>
> Silvia, 11 años 99

A veces, no es en realidad que seas celosa, sino envidiosa. Sueñas secretamente con ser tú la primera de la clase, por ejemplo. Pero no te sientas mal por albergar ese sentimiento. Ya se sabe: «la hierba del vecino siempre crece más verde». A pequeñas dosis, eso puede incluso servirte de estímulo: vas a redoblar esfuerzos para conseguir lo que quieres. Pero si por esto lo pasas mal, no te olvides de que tú también tienes cualidades; entonces, que no te preocupen las de las demás, ¿vale?

Lloro por cualquier cosa

¿Estás bajo los efectos de una emoción muy fuerte? Tranquila: llorar viene muy bien. Permite liberar la tensión nerviosa acumulada. Después, uno se siente mejor.

¿Por qué te pasa eso más a menudo en estos momentos? Si estás en plena pubertad, la culpa la tienen las hormonas, que hacen que estés hipersensible. O es que acabas de pasar por un momento difícil: tu mejor amiga te ha traicionado, has tenido algún disgusto… Te has empeñado en hacerte la fuerte y has contenido las lágrimas. Y ahora te vienes abajo.

También, estás diciendo adiós a tu infancia y eso quizá te da un poco de miedo. Por eso tienes ganas de volver atrás y te expresas como los bebés. ¡No te alarmes! Es normal que quieras que te hagan mimos a tu edad. Pero no abuses. Tus lágrimas no tienen que convertirse en un pretexto. Siempre es mejor explicar tus sentimientos con palabras.

La opinión del experto

A tu edad vives las cosas con mucha intensidad, tanto las alegrías como las penas. Con el tiempo, todo volverá a su cauce. En cambio, si ves que nada te apetece, que duermes mal y que lloras a menudo, quizá estés deprimida. Coméntalo con un adulto.
Sylvie Companyo, psicóloga

❝ ¡Ser sensible no es un defecto! Es mejor llorar por cualquier tontería que ser de piedra.

Alicia, 12 años ❞

❝ Yo soy un poco como tú. Cuando alguien me hace una pregunta incómoda, se me saltan las lágrimas porque no sé qué contestar. Es por timidez, creo. ¡Ánimo, se te pasará con el tiempo!

Julia, 11 años ❞

65

4 razones para reírse

¡Basta de tristezas: regálate unas buenas carcajadas!

Es bueno para la salud

Parece increíble, pero la risa calma el dolor. La prueba es que hay médicos que la utilizan como terapia para aliviar a sus enfermos. Otra ventaja: aumenta los glóbulos blancos que protegen tu cuerpo, ayudándote así a luchar contra los virus. ¡Adiós catarros! Y además, como reírse relaja, dormirás mejor.

Ayuda a hacer amigos

La risa no necesita traducción: todo el mundo entiende este lenguaje universal que tanto comunica. Haz la prueba: una mirada risueña atrae más que un gesto enfurruñado. Para facilitar las relaciones con los demás, ya sabes…

Ahuyenta el estrés

Un minuto de risa equivale a 45 minutos de relajación total. Durante la «acción», tus músculos se relajan

y las tensiones desaparecen. ¡Cansa pero sienta de maravilla!

Es signo de salud mental

Saber reírse de uno mismo es señal de equilibrio. Evita pues tomarte siempre demasiado en serio. ¿Estás pasando por un mal momento? Un poco de sentido del humor te ayudará a desdramatizar. ¡Puede incluso ayudarte a zanjar una pelea!

3 ejercicios de risa

Hace 50 años la gente se reía unos 20 minutos al día. ¡Y ahora sólo 6 minutos! Cambia las cosas con una sesión de carcajadas en familia o con amigas:

• Inspirad y expirad rítmicamente, haciendo «jo, jo, ja, ja, ja». ¡Los músculos se relajan y la risa sale sola!

• Hablad en idiomas inventados.

• Inventad saludos extravagantes.

66

Domina tu rabia

5 trucos para evitar «perder los nervios».

Habla... sin alterarte

Es fácil decirlo... En general, cuando estás furiosa, no puedes controlarte. Y a menudo tus palabras van más rápido que tus pensamientos. Después, te arrepientes de haber actuado tan mal. Para impedir que los insultos salgan de tus labios, puedes apretar fuerte los puños o la mandíbula, y luego respirar hondo antes de hablar. Eso te ayudará a tranquilizarte un poco.

Sal a dar una vuelta

¿Te hierve la sangre? ¿Tienes miedo de actuar de forma violenta? Aléjate durante un rato, hasta que tu enfado esté a un nivel «aceptable»: date un paseo, por ejemplo.

Avisa a los demás

A veces nadie se da cuenta de que estás a punto de estallar. Si sientes que no puedes más, antes de que explotes, avísales.

¡Estallar está bien!

Es un medio para mostrar tus límites y hacerte respetar. Si nos contenemos, la rabia nos reconcome. Hay que saber enfadarse, ¡pero sin violencia!

Baja el tono

Imposible evitarlo: cuando uno está furioso, chilla, grita... En cuanto te des cuenta, baja el tono. La persona que tienes delante hará lo mismo y os resultará más fácil entenderos.

Haz un deporte anti-estrés

A menudo, por el agobio del colegio, las preocupaciones... te vuelves más susceptible. Entonces, si tienes tendencia a perder los nervios, libera esta «energía negativa» practicando algún deporte. Te sentirás más relajada.

¿Eres una víctima de la moda?

Descubre cómo reaccionas ante las «tendencias».

1. Este verano se llevan los *shorts*.
Pero odias enseñar las piernas…

A   Te costará, pero todo es ponerse.
B   Qué más da, hace años que los llevas.
C   ¡Ni hablar! Ni te lo planteas.

2. En el patio, una chica se burla de
tus vaqueros «horteras».

A   Te preguntas si no tendrá razón.
B   Lo importante es que a ti te gusten.
C   Que diga lo que quiera.

3. ¿Tienes un color favorito?

A   No exactamente, depende de lo que se
lleve.
B   Hay muchos que te encantan, pero
pruebas otros.
C   Sí, y cualquier cambio te asusta un poco.

4. En un escaparate ves unas zapatillas
prohibitivas…

A   Rompes tu hucha: ¡son una pasada!
B   Tratas de encontrar un modelo
equivalente pero más barato.
C   ¡Ni se te ocurre gastarte ese dineral!
Sigues con tus viejas zapatillas.

5. ¡Horror! En la fiesta, Lidia lleva
el mismo vestido que tú.

A   Corres a cambiarte.
B   Te partes de risa.
C   Te da exactamente igual.

Máx de A:
¿Las tendencias? ¡Te las conoces de memoria! Pero cuidado: a fuerza de querer parecer una foto de revista, corres el riesgo de que te consideren superficial. La ropa debe subrayar tu personalidad, no *aplastarla*.

Máx. de B:
No hay nadie que te iguale en entender la moda. Lejos de seguirla al pie de la letra, la adaptas a tu estilo y tu forma de ser. ¡Bravo!, sabes muy bien de qué va la cosa.

Máx. de C:
La moda no te interesa. Te da la impresión de que quienes la siguen acaban pareciéndose demasiado. Es verdad que lo importante es «ser y no parecer», pero no te olvides: el aspecto externo es lo primero en que se fijan los demás.

Test de Isabelle Louet

Encuentra tu «look» en 4 lecciones

¿Estás deseando tener tu propio estilo? ¡Vamos a ayudarte!

Lección 1: siéntete a gusto

Eso es lo fundamental. Si no te sientes bien con una determinada ropa, se te notará un montón. Por ejemplo: ¿adoptas un *look* muy de «princesa» cuando en realidad eres más de ir de sport? Te sentirás que vas «disfrazada». Conclusión: cuando elijas qué ponerte, no sigas la moda ¡piensa en estar cómoda!

Lección 2: analiza tu armario

Despliega toda tu ropa. Pon a un lado tu preferida. Será la base de tu «fondo de armario» ideal. Memoriza las formas, los tejidos, los colores… para cuando salgas de compras la próxima vez. No te podrás equivocar.

Lección 3: atrévete

¡No has firmado con tu *look* un contrato de por vida! El *look* se va construyendo con tu personalidad y evoluciona contigo. Entonces, no dudes en cambiar y probar con otras cosas. De todos modos, ten cuidado: compra solamente aquello con lo que te sientas cómoda. ¡Si no, va a criar moho en el fondo de tu armario!

Lección 4: juega con los detalles

El conjunto más sencillo puede verse totalmente transformado por un accesorio. Entonces, si no te sobra el dinero, invierte en bufandas, pañuelos, cinturones, broches. ¡Podrás variar el estilo de tus camisetas hasta el infinito! Y si eres creativa, puedes también personalizar tu ropa añadiéndole encajes, flecos, botones… ¡Nadie más llevará lo que tú te pones!

Tu «look» dice mucho de ti

La importancia que le das a lo que te pones
es muy reveladora...

Habla de ti

Adivina: ¿por qué Cintia te pareció
una empollona nada más verla?
¿Por sus buenos resultados
escolares? ¡Si tú aún ni sabías que
era buena alumna! En realidad, ¡lo
que te influyó era... su *look*! Pues sí,
por mucho que nos lo neguemos,
uno se hace de entrada una idea de
los demás sólo por la forma en que
se visten. Pijo, rapero o gótico, estas
tribus te dan seguridad y te
permiten orientarte en el patio del
colegio. En efecto, la ropa que
llevas informa a los demás acerca de
tus gustos y tu personalidad.

Incluso cuando a
veces lo que te
pones no tiene
mucho que
ver con la
personita
que eres
en tu
interior...

> « Está bien tener estilo. Es
> necesario para que los demás te
> acepten. ¡Pero es verdad que con las
> marcas, todos acabamos pareciendo
> iguales!
>
> *Diana, 10 años*

> Aunque digan lo contrario, nuestro
> *look* refleja nuestra personalidad. En
> los 10 primeros segundos, el *look* nos
> influye a la hora de que una persona
> nos guste o no.
>
> *Nina, 13 años* "

Te ayuda a integrarte

¿Tu pesadilla? Que te marginen.
O peor aún, que se rían de ti.
Entonces adoptas el *look*
que más te conviene
para ser
reconocida y
aceptada. Ni
hablar de pasar
de la moda en el
patio del colegio.
¡Sería demasiado
arriesgado!

¿Que se llevan las minifaldas y el maxibolso? Tienes que tenerlos a toda costa, y da igual si no se corresponden con quien tú eres de verdad. Además, tampoco sabes muy bien quién eres. Así que da seguridad apuntarse a lo que hace la mayoría.

Muestra que maduras

¿Lo que eliges choca todo el rato con los gustos de tus padres? ¡Normal! A tu edad, empiezas a afirmarte, a marcar tu diferencia. ¡Se acabó estar de acuerdo con ellos en todo!

¡Cuidado con las marcas!

Es difícil resistir la presión de la moda y del patio del colegio. No hay nada malo en querer ser apreciada y admirada por vestir a la última. El problema es quererlo todo y ya. ¡Incluso cuando eres adulto no todo se consigue así como así! A veces hay que saber renunciar o esperar. Sobre todo cuando el objeto deseado… ¡vale una fortuna! En fin, sería una pena que pensaras que no vas a gustar si no tienes el último par de zapatillas que se lleva. Eres algo más que tu apariencia, ¿no crees?

> No hay por qué juzgar el estilo de los demás. Cuidado, a veces las apariencias engañan…
>
> *Elena, 11 años*
>
> Está claro: una chica que se viste mal va a tener mucho menos éxito con los chicos. Por eso yo cuido mi *look*.
>
> *María, 12 años*

Te protege

La ropa resulta muy práctica para disimular un cuerpo que está cambiando, ¿verdad? Es comprensible: a lo mejor no te apetece que todo el mundo se dé cuenta de que empiezas a tener pecho, o de que tienes caderas. Entonces, utilizas tu *look* para camuflarte.

Te ayuda a gustar

De entrada, a gustarte a ti misma. Pues sí, cuidar tu *look* no es un defecto. Eso no te hace superficial. Cuidar de uno mismo, de la propia apariencia, es positivo. Si una se siente guapa, tiene más confianza en sí misma y es más abierta con los demás.

¡La amistad es sagrada!

¡Qué sería de ti sin tus amigos!
Pero primero hay que tenerlos, y luego conservarlos…
¡Ningún problema, aquí estoy! Sólo para ti,
te cuento mis secretos para hacer amigos,
evitar las peleas y compartir
grandes momentos de amistad.
¡Vamos allá!

¡patata!

CLIC CLAC

¿Qué tipo de amiga eres?

En la amistad, ¿eres más bien posesiva o pasota? ¡Descúbrelo!

1. Las fechas de cumpleaños de tus amigas:

B Las tienes apuntadas en un cuaderno.

C Te acuerdas sobre todo de la de tu mejor amiga.

A Glups…

2. El novio de tu mejor amiga te pone ojitos:

C Se lo cuentas enseguida.

B Haces lo posible por no encontrártelo.

A Te parece guapo: le devuelves la mirada…

3. Celia se ha pasado todo el recreo con Noemi:

A ¿Y…?

C ¡Seguro que va a pasar de ti!

B Estás un poco celosa pero te callas.

4. Elena no te habla:

B Ya se le pasará.

C Le escribes una notita para preguntarle qué le pasa.

A Dejas de hablarle tú también.

Calcula tu puntuación:

$$A = 1$$
$$B = 2$$
$$C = 3$$

Tienes entre 1 y 5 puntos

En lo tocante a la amistad, eres un poco inconstante. Es verdad que te encanta quedar con tus amigas, ¡pero que no te pidan que hagas ningún esfuerzo! ¿No te parece un poco egoísta?

Tienes entre 6 y 9 puntos

No intentas hacerte superamiga de todo el mundo. Haces la distinción entre las chicas de tu clase con las que te llevas bien y tus verdaderas amigas. Para ti, la amistad no es una palabra hueca. Las verdaderas amigas están para ayudarse unas a otras y no para competir entre sí.

Tienes 10 o más puntos

SOS amistad, ¡esa eres tú! Siempre estás dispuesta a hacer favores. Pero a cambio, que ni se les ocurra mantenerte al margen. Si tu amiga charla un rato con otra, lo consideras una traición. Cuidado, ser amigas no significa transformarse en hermanas siamesas…

Test de Laurence Rémy

¿Qué es la amistad?

◈ La amistad enseña a madurar. No todo puede compartirse con la familia.

Lucía, 10 años y medio

◈ Gracias a la amistad, te abres paso en la vida apoyada por personas que para ti cuentan mucho.

Julieta, 13 años

◈ ¡La amistad es más que importante! Necesitas a las amigas para que te consuelen, para que te reconforten en los malos momentos, pero también para pasarlo bien.

Marina, 11 años y medio

◈ ¡Sin amigas no se sale adelante! Confiamos en ellas más que en nadie y les contamos cosas que a otras no nos atreveríamos.

Laura, 12 años

◈ Las amigas son importantes para ganar confianza en una misma. Si estamos por los suelos, ellas nos dan ánimos. Y además, se puede contar con ellas para jugar, salir…

Alicia, 11 años

◈ La amistad sirve para divertirse, contarse cosas, compartir secretos. Pero tampoco hay que abusar: una amiga no es sólo un paño de lágrimas. Y hay que aceptarla con sus defectos y sus cualidades.

Mónica, 10 años

La opinión del experto

A tu edad, la amistad es muy importante. Te ayuda a madurar, a conocerte mejor y a no estar todo el día pegada a tus padres. Avanzas a tientas, llena de expectativas, en este descubrimiento de las relaciones con los demás. No siempre es fácil, porque hay errores, decepciones… ¡pero también grandes alegrías! Es difícil decir por qué te has fijado en esa persona y no en otra. Porque quieres parecerte a ella, porque te complementa o te da seguridad… Siempre hay una razón. ¿Cuál? ¡Ese es el misterio!

Sylvie Companyo, psicóloga

75

Las reglas de oro de la amistad

¿Quieres ser una verdadera amiga?
Pues vamos allá…

Respeta a los demás

¿Que Celia tiene un pronto
horrible? Vale. Pero también es
muy generosa. Igual que tú, tiene
sus cualidades y sus defectos.
Tienes que quererla tal como es,
sin intentar cambiarla. Eso es la
amistad. Es tan sencillo poder ser
una misma sin temor a ser
criticada… Aunque claro, si te
parece que ha cometido un error o
tiene una actitud que no te gusta,
puedes comentárselo, pero no la
juzgues. Trata de comprenderla.

Mantente a la escucha

Poder confiar en alguien
está muy bien.

Pero también hay que saber invertir
los papeles: estar ahí cuando tu
amiga te necesita, consolarla y
ayudarla cuando se sienta mal.

Sinceridad ante todo

¡Para evitar malentendidos y peleas
estúpidas, nada mejor que la
franqueza! Cuando algo no vaya
bien entre las dos (la ves distinta,
no entiendes por qué está
enfadada…), háblalo con ella.

No renuncies a ser tú

Vale, sois amigas. ¡Pero no clones!
Nada os obliga a hacerlo todo
juntas, a vestiros igual o a adoptar
las mismas actitudes. Lo que os
hace diferentes es lo que os
enriquece a ambas.

> 66 Para ser verdaderas
> amigas, tenéis que respetaros. Si a
> ella le gusta fulanito y a ti no,
> tienes que aceptarlo. Hay que ser
> tolerantes.
> Nadia, 10 años 99

Mantén tu independencia

No estás obligada a aceptar cualquier cosa por amistad. A veces hay que saber decir que no. Entre amigas de verdad, no hay ni jefe ni esclavo dócil. Y también podéis tener un jardín secreto.

Da tu amistad sin pedir nada a cambio

¡No hay contabilidad que valga entre amigas! Luisa no es de tu propiedad, ni tú la de ella. La verdadera amistad no espera nada a cambio. Si tu amiga se relaciona con otras personas, reflexiona antes de considerarlo una traición. Y que sepas que nunca es bueno encerrarse en una sola amistad.

¡Entre amigas, esto no se hace!

- Quitarle el novio.
- Traicionar un secreto.
- Humillarla.
- Reírse de ella a sus espaldas.

> " Una buena amiga sabe compartir, ser digna de confianza y confiar en ti.
>
> *Marga, 12 años*
>
> Para que la amistad sea sólida, hay que interesarse por la otra persona, por lo que le gusta, ayudarle si tiene problemas, etc.
>
> *Ágata, 12 años* "

Puede acabar convirtiéndose en una cárcel. Pasa también de los *top-ten:* ¡a las amigas no se las clasifica! Puede ser un conflicto que no lleva a nada bueno.

Cuida la amistad

No te sientas incómoda: dile a tu amiga lo importante que es para ti. La amistad necesita de pequeños gestos para crecer: una postal, una canción dedicada en la radio, un objeto hecho por ti… Estas pequeñas atenciones demuestran que ella te importa, que estás atenta a lo que le gusta. Comparte con ella tus aficiones, descúbrele un libro que te ha encantado, hazle algún cumplido…

77

Sólo es mi amiga por interés

¿Tu mejor amiga te llama solamente cuando no tiene a nadie con quién jugar? ¿Nunca está disponible cuando la necesitas? Es normal que tengas la impresión de ser «la rueda de repuesto».

Haces bien en querer acabar con esta situación. La amistad no es eso. Entre amigas verdaderas, la clave es compartir. No tiene que ser siempre la misma la que esté dispuesta a dar.
Eres buena persona, vale, pero no estás a su disposición. O bien su amistad es sincera, o bien es mejor «cortar» con ella y dejarlo ahí aunque te dé pena.

Intenta primero aclarar las cosas, por ejemplo diciéndole: «Me gustaría que pasáramos más tiempo juntas, no sólo cuando quieres algo». Si no lo entiende, adopta el mismo comportamiento. No estés disponible en todo momento, así verá que no estás «a su servicio» y a lo mejor acaba dándose cuenta de cómo te sientes. Si no reacciona y no da ningún paso, sabrás que su amistad era más bien interesada. Lo más probable es que te sientas triste y decepcionada, pero por lo menos sabrás a qué atenerte. No te aferres a esa pseudo-amistad que no te beneficia y pasa página.

> No es justo que dejes que una amiga tuya te utilice. Dile con sinceridad cómo te sientes. Así se dará cuenta de que eres buena pero no tonta.
>
> *Laura, 11 años*

> Me pasó algo así el año pasado. Como ella no cambió, me busqué otras amigas.
>
> *Olivia, 9 años*

A mi amiga y a mí nos gusta el mismo chico

¡Menudo lío! Primero contaos vuestros sentimientos. Si una está más enamorada que la otra, ya sabéis... ¿Os gusta igual a las dos? Pueden darse entonces varios casos:

♥ A él no le gustáis ninguna de las dos. Es duro pero os podéis apoyar la una en la otra.

♥ A él le gusta tu amiga: para ti no es fácil, sobre todo si ella acepta salir con él. Puede que esta situación te resulte insoportable y os distanciéis.

♥ El chico te quiere a ti: estás encantada, pero al mismo tiempo te sientes culpable con ella. Para preservar vuestra amistad, no exhibas demasiado tu felicidad y sed discretos.

♥ Habéis decidido amarle en secreto sin declararos: eso os evita caer en la tentación. Pero a lo mejor os estáis perdiendo una bonita historia…

♥ Decidís «que gane la mejor», es peligroso a pesar de vuestros buenos propósitos: no es seguro que la amistad vaya a resistir.

En cualquier caso, no está claro que ese amor vaya a durar. Sería una pena haber perdido a una superamiga por un chico. ¿Quién os consolará si él pasa de vosotras?

> " A mi mejor amiga y a mí también nos gustaba el mismo chico. No quiso salir con ella pero conmigo sí. Al principio se lo tomó fatal, pero con el tiempo se dijo que una amiga vale más que todos los chicos del mundo.
>
> Sara, 13 años "

> " ¡No hay nada de malo en que os guste el mismo chico a las dos! Intenta acercarte a él sin dejar de respetar a tu amiga.
>
> Julieta, 10 años "

79

¡Desde que sale con alguien, mi amiga pasa de mí!

¡Eso no quiere decir que ya no le importes! Seguro que vuestra amistad sigue siendo igual de importante para ella. Sólo que en estos momentos no es lo prioritario.

Tu mejor amiga está descubriendo qué es el amor. Es un sentimiento muy «absorbente» y quizá nuevo para ella. Intenta no tenérselo demasiado en cuenta. A lo mejor no ha caído en que estás triste. Háblale de lo que sientes. Si es una verdadera amiga, seguro que hará algún esfuerzo. No perdáis el contacto por un chico, sería una pena. Si esa historia no dura, tu amiga te necesitará todavía más.

Utiliza estos momentos de «soledad» para conocer a otras personas. Nunca es bueno encerrarse en una sola relación. Y cuando quedéis, no la marees con reproches. Aprovechad a tope los momentos que pasáis juntas. ¿Y si le propusieras una cita secreta cada semana para veros las dos a solas?

" Normal, tiene menos tiempo para dedicarte. Pero si de verdad no te hace caso, díselo tranquilamente.

Flora, 9 años "

" Dile que te gustaría pasar más tiempo con ella, que te sientes un poco sola. Pero también es lógico que quiera quedar con su chico. Ya lo entenderás cuando tú también salgas con alguno…

Paula, 10 años y medio "

¡No tengo amigas!

Te debes de sentir muy sola. ¿No te dará quizá un poco de miedo acercarte a los demás, que te juzguen? Y si nadie se te acerca, te dices a ti misma que es normal, que hay algo raro en ti, que no eres interesante.
Entonces prefieres no correr riesgos y eliges, a tu pesar, actividades solitarias, o bien te refugias en un mundo imaginario. Al menos ahí sí que no hay peligro.

Es verdad que entablar relaciones con los demás es un riesgo. A veces puedes sentirte decepcionada, herida, traicionada. Pero vale la pena, porque también te aporta grandes alegrías.

Puede también que sientas eso porque piensas de verdad que eres distinta a las demás chicas de tu edad. A ellas les gusta ir de compras, y a ti te vuelve loca la astronomía. Tienes razón: no tienes por qué renunciar a tu personalidad para hacerte amigas. Para «forzar» los encuentros, apúntate a una actividad que te guste. Encontrarás gente con tus mismas aficiones. ¡Ya tenéis algo en común y… un tema de conversación!

" A lo mejor no quieres una amistad cualquiera y estás buscando una relación más profunda. ¡Por eso tardas en encontrarla!
Clara, 13 años "

" Fíjate si en el patio hay alguna chica solitaria. ¡Ya seréis dos y estaréis menos solas!
Mati, 9 años y medio "

" Organiza una fiesta en tu casa y habla con todo el mundo. ¡Seguro que hay alguien con quien funciona!
Lola, 11 años "

81

8 pistas para tener amigas

¡Con estos trucos, no tardarás en conocer a un montón de gente!

¡Sonríe!

Parecerás simpática y tendrán muchas ganas de conocerte. ¡Vamos, quita esa cara de pena!

Toma la iniciativa

¿Qué haces muriéndote de asco en un rincón? ¡Las amigas no te van a llover del cielo! Tírate a la piscina. ¡Mira a ver qué chicas pueden caerte bien y acércate a ellas!

Pon de tu parte

¿Eres tímida? ¡Eso no te impedirá hacer amigas!

Acto 1: desdramatiza. Todo el mundo, igual que tú, tiene miedo a la mirada de los otros, ¡los adultos también! Además, ¿a qué te expones? ¿A no ser bien recibida? Poco probable. ¿Y si así fuera? El patio está lleno de otras amigas posibles. ¡No es un fracaso lo que va a detenerte! Y además, el primer paso es el que más cuesta. Luego todo es mucho más fácil.

Acto 2: vence la timidez. Seguro que has oído hablar de las clases de teatro. Es un método muy eficaz. Pero si eso no te dice nada, acércate a las chicas igual de tímidas que tú. Entrar en contacto no debería ser muy difícil…

Apúntate a una actividad

¡Eso facilita los encuentros! ¿Por qué? Porque así ya tenéis algo en común: una misma pasión por el baile, el teatro, el fútbol… Eso facilita la conversación…

" Para conocer otra gente, pido a las compis de mi clase que me pasen su agenda y les escribo algún mensajito divertido o les propongo que juguemos a algo en el recreo. ¡Con este sistema he hecho un montonazo de nuevas amigas!

Estela, 11 años "

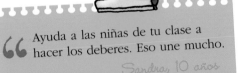

Julia! ¿Estás buscando la clase de mates? ¡Yo también!» o «Vaya, ¿tú también estás leyendo este libro? ¿Qué te parece?».

Sé natural

No intentes ser «doña perfecta». ¡Eso es imposible! Y tus palabras sonarían a falso. Habla de lo que conoces (alguna noticia, tu última peli, tus aficiones…). Sobre todo, ¡escucha! No hay nada más irritante que los «yo, mi, me, conmigo» que sólo hablan de uno mismo. Si no sabes muy bien qué decir, pregúntale sobre sus gustos, su opinión sobre el colegio…

Evita los grupos

Resulta difícil integrarse en un grupo ya constituido, sobre todo si sus integrantes se conocen desde hace tiempo. Pero quizá consigas hacerte amiga de alguna de las chicas que mejor te caigan. Quién sabe, a lo mejor te presenta a los demás.

Funda tu propio club

¿Te encanta la literatura, el ajedrez, el periodismo… y no hay ningún club sobre ello en el cole? Crea uno y corre la voz. Seguro que hay chicos y chicas de tu edad con esa misma afición que acabarán apuntándose. ¿Unos futuros amigos quizá?

Elige un buen momento

Algunas situaciones pueden facilitar el contacto. ¿Está leyendo, haciendo una pulsera, buscando dónde está la clase…? Es la ocasión perfecta para abordarla: «¡Hola, soy

83

¿Sabes mantener la boca cerrada?

Veamos si de verdad se puede confiar en ti...

1. Una amiga te explica un truco de magia...

A Se lo cuentas a todo el mundo.

B Se lo enseñas a los demás sin desvelar el truco.

C Te olvidas del truco de magia.

2. Con 7 años, tu hermana sigue creyendo en Papá Noel.

A Le enseñas dónde han escondido tus padres los regalos.

B Si no para de preguntarte, acabas contestándole.

C Guardas el secreto.

3. Conversación entre amigas: ¿te ha ocurrido alguna vez que te has callado pensando que ibas a decir alguna tontería o algo sin interés?

A Nunca.

B A veces.

C A menudo.

4. Lidia quiere saber el nombre del chico que le gusta a Luisa...

A Sí, pero que Lidia te confíe antes el suyo.

B Le das alguna pista.

C Haces oídos sordos.

5. Tus amigas suelen contarte sus cosas porque...

A Les das buenos consejos.

B Sabes escuchar.

C Les guardas el secreto.

Máx de A
Indiscreta

Eres incapaz de guardar un secreto. En cuanto te cuentan algo no puedes reprimirte: ¡corres a contarlo! Intenta controlarte; si no, nadie confiará en ti.

Máx de B
Veleta

Eres capaz de guardar un secreto, pero no siempre... Si te insisten acabas yéndote de la lengua con bastante facilidad.

Máx de C
Muda

Tu lema bien podría ser: «Por la boca muere el pez». Tienes claro que nadie te va a sonsacar información. Tus amigos pueden estar tranquilos: contigo, los secretos están a buen recaudo.

Test de Claire Didier

He contado tu secreto

Es normal que tu amiga se haya enfadado. Ponte en su lugar: tú también te habrías sentido muy decepcionada. ¡Has traicionado su confianza! ¿Te arrepientes de haberlo hecho y quieres recobrar su amistad? Seguro que no va a ser fácil, pero no es imposible.

Primero, indaga por qué fuiste incapaz de contenerte. ¿Porque te acosaron a preguntas? ¿Porque se te escapó en una conversación? ¿Porque desvelar ese secreto te hacía quedar bien? Eso te ayudará a explicarte.
Sé sincera: si tu traición ha sido involuntaria, díselo. Pídele que sea compasiva: ¿cómo habría reaccionado ella en tu misma situación?
Reclama su indulgencia: entiendes que se haya enfadado contigo y no esperas que vuelva a contarte nada… al menos de momento. Pero promete no volver a hacerlo nunca más.

Y si realmente te cuesta mantener la boca cerrada, reconócelo y proponle que te ayude a aprender a contenerte, o bien sugiérele que sólo te cuente secretos «sin riesgos».
Si eres sincera con ella, quizá te comprenda y te perdone.

La opinión del experto

Cuidado, hay cosas muy graves que no deberías callarte.

Si tu amiga es víctima de acoso o de maltrato, o si ella misma se pone en peligro (robo, huida, intento de suicidio…), debes contarlo. No es traicionarla sino ayudarla.

En un primer momento, intenta convencerla de que sea ella quien lo cuente. Si no, haz algo. Quizá se enfade contigo por ello en un primer momento, pero con el tiempo te lo agradecerá.

Sylvie Companyo, psicóloga

¡Mi mejor amiga no para de copiarme!

¡Eso es que te admira mucho! Seguro que te ha elegido como amiga porque eres un modelo para ella. A sus ojos, eres fantástica por muchas razones. Es bastante halagador, pero puede resultar un poco pesado… No dejes pasar mucho tiempo: explícale qué es lo que te molesta. Díselo con mano izquierda, sin agresividad. Seguro que tu amiga no tiene mucha confianza en sí misma. Si eres una persona con bastante éxito y a la que aprecian, puede que piense que, imitándote, también ella vaya a gustar más.

" Si tu amiga te copia, cuando estéis a solas dile lo que te molesta con delicadeza.
*Marga,
10 años y medio* "

" Dile simplemente que no por imitarte en todo va a encontrar su propia personalidad.
Sofía, 11 años "

" A mí me pasó lo mismo. Cuando lo comenté con mi amiga, se echó a llorar. Me sentí aliviada pero también muy culpable. Cuando lo peor pasó, lo entendió y desde entonces todo va de maravilla.
Lucía, 11 años "

Intenta hacerle comprender que ella también puede interesar a los demás por sus propias cualidades. Puedes empezar diciéndole que te gusta mucho la ropa que lleva, pero que es una pena que no intente encontrar su propio estilo. Si salís de compras, haz que se pruebe un montón de cosas. Cuando veas que algo le queda realmente bien, no dudes en decírselo. Pregúntale qué es lo que a ella le gusta. Dile lo que aprecias en ella y ayúdale a sacarse partido. Seguro que la situación no tarda en arreglarse.

5 trucos para ayudar a una amiga

¡No siempre es fácil ser buena consejera!

Escúchala sin prisas

A veces, un oído atento basta para reconfortar. Déjala que hable hasta el final, sin interrumpirla. Si se «bloquea», anímala a seguir con una sonrisa.

Ofrécele tu apoyo

No minimices sus problemas. Independientemente de lo que tú opines, para ella no son poca cosa. Olvídate de los «tampoco es para tanto». ¡Tu amiga podría pensar que te burlas de sus problemas! Trata más bien de hacerle sentir que no está sola y que tú estás ahí para ayudarla, por ejemplo diciéndole: «entiendo cómo te sientes».

Bríndale tu ayuda

Hazle preguntas para estar segura de entender su problema y saber qué es lo que espera de ti.

Hazle ver que la situación puede arreglarse, que juntas vais a encontrar una solución. Dale tu opinión, proponle ideas, pero sin decirle cómo tiene que actuar.

Ponte en su lugar

Os conocéis bien, seguro que habéis pasado por experiencias parecidas y sentido las mismas angustias. Pregúntate qué harías tú en su situación y actúa como a ti te gustaría que hicieran contigo.

Habla con franqueza

A veces puede suceder que sus confidencias te pongan en una situación incómoda o que no sepas cómo ayudarla. En ese caso, sé sincera, dile que su problema es demasiado serio y sugiérele que lo hable con un adulto.

No paro de pelearme con mis amigas

¡Lógico! Sois muy distintas. Cada una tiene su punto de vista, su carácter. Por eso es normal que en ocasiones haya ligeras tensiones… La mayoría de las veces, las peleas empiezan por una tontería: has malinterpretado las palabras de Clara y se lo ha tomado a mal. También es posible que te moleste algún comentario desafortunado o que te sientas un poco celosa; y entonces te pones a la defensiva… Ya ves que no faltan motivos para pelearse. ¡Bienvenida al día a día de la amistad! Pero las peleas no son sólo algo negativo: te permiten desahogarte y mostrar cuáles son tus límites. Pueden incluso mejorar la relación con tus amigas.

Claro está, siempre y cuando aclaréis las cosas después de la «tormenta». Pero, cuidado, si tus amigas y tú no paráis de pelearos, quizá sea un signo de que algo no va bien. ¿No les estarás pidiendo demasiado? ¿No estarás siendo un poquito déspota? Deberías reflexionar sobre tu comportamiento si quieres que las cosas mejoren.

❝ Casi siempre, cuando discutimos es porque estamos hartas la una de la otra. Así que, «nos tomamos unas vacaciones». ¡Y nos damos cuenta de hasta qué punto no podemos vivir la una sin la otra! *María, 11 años* ❞

❝ Las peleas surgen a veces por tonterías, pero son útiles porque soltamos todo lo que nos hemos ido callando. Así sabemos lo que siente la otra y también vemos cuáles son sus defectos. *Clara, 9 años* ❞

❝ Es normal pelearse con las amigas. ¡No se puede estar de acuerdo en todo! *Jana, 12 años* ❞

Guía anti-peleas

¿Harta de peleas por cualquier bobada?
Evítalas...

No dejes que los problemas se acumulen

En cuanto haya algo que no va
bien, háblalo. Si lo dejas pasar, vas
a ir acumulando reproches en tu
cabeza y el día que «estalles» puede
ser terrible...

Evita ser agresiva o burlarte de ella

¿Te gustaría que te ridiculizaran o
que te trataran fatal? Pues lo mismo
opinan tus amigas. Respeta su
sensibilidad. Si no, no te extrañe
que algún día te paguen con la
misma moneda...

No te guardes las cosas

¿Te ha molestado la actitud de tu
amiga? Díselo sin rodeos. Aunque
no sea muy agradable oírlo, es
mejor que lo sepa por ti que no
por los cotilleos que circulen en el
patio... Sé diplomática: no le
montes una escena delante de toda

la pandilla, se sentiría
humillada.
Díselo con suavidad, criticando
sus actos y no su personalidad.
Por ejemplo, dile más bien «no
entiendo por qué no me has
esperado ayer», y no «¡parece
mentira que ayer ni me
esperaras!».

No saltes a la primera

Cuidado, la rabia es mala consejera.
Antes de estallar, pregúntate: ¿vale
realmente la pena enfadarse?
E intenta controlarte.

No te cierres al diálogo

No te obceques, escucha los
argumentos de tu amiga... aunque
no te guste oírlos.

Reconoce tus errores

Si ves que te has equivocado,
discúlpate enseguida. Evitarás llegar
a una situación en la que no haya
vuelta atrás.

Reconciliarse en 4 lecciones

¿Os habéis peleado y no sabes cómo arreglarlo?
¡Vamos allá!

Lección 1: da el primer paso

¿Ninguna da su brazo a torcer?
¡Bravo! Seguro que así no tardáis
en reconciliaros… Venga,
atrévete. Total, qué más da quién
haya dado el primer paso. Lo
que importa es vuestra amistad,
¿no te parece?
Si ninguna de las dos se decide,
las dos llevaréis las de perder. Y
cuanto más esperéis, más difícil
os resultará.
Si estás muy enfadada, deja pasar
un día o dos. Y luego, lánzate.
Inicia la conversación con una frase
como «te echaba de menos» o «qué
mal que estemos peleadas». Si te
cuesta decírselo cara a cara,
entrégale una notita.
Si tu amiga no te contesta
enseguida, no te lo tomes a mal. A
lo mejor sigue enfadada. Dale un
poco de tiempo, dejándole claro
que estás ahí si decide por fin
hablar contigo.

Lección 2: explícate

¡Ya está! Estáis a punto de pelearos.
Ante todo, no busques quién tiene
o no tiene razón. Eso no es lo
fundamental. Lo que importa es
que comprendas los sentimientos
de tu amiga y ella los tuyos.
Escúchala hasta el final. Intenta
imaginar lo que tú habrías hecho
en su lugar. Te será más fácil
entender su punto de vista. Y
aunque no estés de acuerdo con

ella, entenderás mejor por qué se ha enfadado o se ha sentido herida. Después, explícate tú. Una pequeña precisión: este problema sólo os atañe a vosotras, así que no impliquéis a todos los de la pandilla, ¡no es asunto suyo! Eso complicaría las cosas todavía más. Y bastante difícil resulta ya todo, ¿no te parece?

Lección 3: expresa tus emociones

Intenta hablar con tranquilidad. Tu amiga te escuchará más fácilmente. Es mejor que empieces las frases aludiendo a cómo te sentiste. Por ejemplo: «Me sentí dejada de lado cuando te fuiste al cine con Ana las dos solas». Eso dice mucho más que: «¡Te fuiste al cine con Ana!».

Lección 4: busca soluciones

Conoces sus sentimientos y ella los tuyos. Ahora os será más fácil poder avanzar. Si has herido sus sentimientos sin querer, discúlpate. Incluso si, en tu opinión, no has hecho nada malo, puedes lamentar

haberle hecho daño. Le demuestras así que respetas sus sentimientos y los tienes en cuenta. ¡Puedes sentirte orgullosa: eres una verdadera amiga! A lo mejor eres tú quien habrá de perdonar. A veces es verdad que resulta difícil. No te creas que aceptando sus disculpas todo queda borrado, como si nada hubiera pasado. Por supuesto que no lo olvidas, pero decides que esta historia sea agua pasada. Y miras hacia el futuro. A pesar de vuestros esfuerzos, ¿seguís sin conseguir estar siempre de acuerdo? ¡No pasa nada! No estáis obligadas a pensar igual, pero sí podéis decidir seguir siendo amigas a pesar de todo. ¡Una prueba más de que vuestra amistad de verdad os importa!

Tengo dos grandes amigas, pero no se llevan bien

¡A lo mejor es simplemente que no comparten para nada los mismos gustos! Si es así, no insistas. No puedes obligarlas a que se caigan bien. Arréglatelas para quedar con ellas por separado, pero con discreción. Evitarás así hacerles daño inútilmente. A menos que estén un poco celosas: en cuanto te acercas a una, la otra se siente apartada. Surge la rivalidad y de ahí a pelearse no hay más que un paso. ¿Cómo ingeniárselas? Primero, tranquilízalas: diles que para ti son importantes tanto la una como la otra. ¡Pero recuérdales que la amistad no es encerrar al otro en una jaula! Y si a veces pasas tiempo con alguna de ellas, que quede claro que eso no supone que te alejes de la otra.

« Intenta entender por qué se llevan mal y trata de explicar a cada una las cualidades de la otra.

Celia, 12 años »

« No vayas con ninguna de las dos hasta que no hayan entendido que estás harta de esas peleas infantiles.

Julieta, 12 años »

Por supuesto, la amistad a tres no se basa en la misma complicidad. Tus dos amigas te gustan por razones distintas. ¿Y si hicierais una lista con vuestros gustos comunes? Eso os permitiría conoceros mejor… y apreciaros más.
Si te piden que elijas, sobre todo no entres en su juego. ¡Proponles más bien hacer un pacto entre las tres: a la menor señal de conflicto, las cosas se hablan! Así estaréis más atentas y resolveréis más rápidamente los malentendidos.

¡Mi amiga pasa de mí!

Es normal que estés triste. ¡Erais muy cómplices y de repente «te abandona»! Es duro. Por desgracia, todo el mundo pasa alguna vez por lo mismo, incluso los adultos. Forma parte de la vida. Madurar también consiste en eso: en aceptar que te decepcionen, que no todo el mundo te quiera.

Sin duda te preguntas qué has hecho para «merecer eso». ¡Quizá… nada! Tu amiga y tú simplemente habéis evolucionado a distinto ritmo y os habéis ido alejando. A lo mejor le has dado tu confianza demasiado pronto. Esta amiga no era del todo sincera contigo. La próxima vez serás más prudente.

> Si tu amiga pasa de ti sin ninguna razón aparente, es que no era una verdadera amiga. Intenta olvidarla y busca otras amistades.
>
> Rosa, 11 años

> Sé cómo te sientes. Pero hay que superarlo y hacer nuevas amigas.
>
> Lisa, 12 años

Pero si esta situación se repite a menudo, reflexiona: ¿hablabas quizá demasiado de ti misma con ella? Compartir no sólo significa hacer confidencias sino también escucharlas. O quizá le exigías demasiado: no parabas de reclamar pruebas de amistad y tu amiga se hartó de que nunca estuvieras satisfecha. Es normal cometer errores: ¡estás en pleno aprendizaje!

> Si sólo es una pelea, háblalo con ella o mándale una carta, seguro que os reconciliáis.
>
> Jana, 9 años y medio

¿Qué par de amigas estáis hechas?

Para descubrir los secretos de vuestra amistad, haced el test por separado y, después, sumad vuestros resultados y comparadlos.

1. Cuando charláis, te da la impresión de que...

A Pensáis lo mismo en el mismo momento. Alucinante...

B Que de verdad te escucha.

C Que le gusta tener siempre la última palabra.

2. Si en el nuevo curso no estáis en la misma clase...

A Te sientes un poco perdida.

B ¡Dejas de hacer los deberes!

C No te quedas sola mucho tiempo, ¡con lo habladora que eres!

3. ¡A tu amiga la invitan a una fiesta de pijamas y a ti no!

A Si va sin ti, lo consideras una traición.

B Organizas un karaoke para ese mismo día en represalia.

C Te sienta un poco mal, pero cada una tiene su vida después de todo.

4. ¿Qué es lo que os une?

A Os interesan las mismas cosas.

B Tenéis las mismas cualidades.

C Os cae fatal la misma gente.

5. Os mola el mismo bolso que habéis visto en las rebajas.

A Las dos os lo compráis. ¡Es muy *diver* llevar el mismo bolso!

B Estás encantada de regalárselo.

C Tú lo viste primero, así que es para ti.

6. ¿Qué es lo que podría poner fin a vuestra amistad?

A Mudarse a la otra punta del país.

B Enamorarse del mismo chico.

C No compartir los mismos gustos cuando seáis mayores.

	1	2	3	4	5	6
A	3	2	3	3	3	3
B	2	3	1	2	2	1
C	1	1	2	1	1	2

Tenéis hasta 14 puntos

Juntas os sentís más fuertes. ¡Menudo par! Vuestra amistad os da alas… y a veces os lleva a hacer alguna tontería. Entre vosotras, todo lo vivís intensamente. Pasáis tan fácilmente de las peleas a la reconciliación, que los demás se sorprenden de que sigáis siendo amigas.

Tenéis entre 15 y 25 puntos

Vuestros temperamentos se complementan a la perfección. Confianza y respeto son los pilares de vuestra amistad. Compartís un jardín secreto del que sólo vosotras tenéis la llave, intercambiáis confidencias, pero sin manteneros aisladas del resto de la clase. Esta es una historia de las que duran.

Tenéis 26 o más puntos

Demasiado posesivas, tenéis tendencia a aislaros de los demás. Ni se os ocurre tomar una decisión sin saber lo que piensa la otra. Os falta autonomía. Dejad que entre aire fresco en vuestra amistad. Seguro que en la clase hay chicas simpáticas a las que les gustaría conoceros mejor.

Test de Laurence Rémy

¡Mi amiga se muda!

¿Temes que tu amistad se vaya con ella? Tranquila, ser amigas a distancia es perfectamente posible. A veces, algunas amigas incluso pueden pasar meses sin verse. Y cuando vuelven a quedar, es como si el tiempo no hubiera pasado. La única pega es que la amistad hay que cuidarla. Y cuando se vive lejos, puede que haya que hacer mayores esfuerzos. ¡Pero nada que no pueda conseguirse!

Por ejemplo, podéis escribiros, mandaros correos, veros en vacaciones, fijar una «cita telefónica» secreta, llevar un diario entre las dos que podéis intercambiaros con regularidad… ¡No son soluciones lo que faltan!

> A veces se dice eso de «ojos que no ven, corazón que no siente», ¡pero no siempre es verdad! Yo he cambiado de casa 4 veces y siempre he mantenido el contacto con mis amigas, por carta, teléfono, e-mail.
>
> *Carmen, 13 años*

> Si tu amiga se muda de ciudad, puedes hacerle un cuaderno con fotos, recuerdos, divertidos. Eso te ayudará a estar menos triste.
>
> *Marga, 10 años y medio*

> No intentes olvidar a tu amiga, no lo conseguirás. Cuando pienses en ella, recuerda cosas que te hagan reír, no llorar. Y pon una foto suya en la mesilla.
>
> *Lucía, 9 años*

Reservado a las amigas

Créate recuerdos tan geniales como éstos.

Una fiesta de pijamas

¡Que no falten las peleas de almohadas, charlar hasta el amanecer, comer chuches y reírse como locas!

La peli de tu vida

¿Que esta tarde llueve? ¡Mejor! Videocámara en ristre, imaginaos una vida de estrellas de cine, filmad los disparates que se os ocurran o cread vuestra propia telenovela.

Inventad un código secreto

Para hablar de los chicos sin que nadie sepa a quién os referís, ponedles nombres inventados que sólo vosotras conozcáis. ¡Así podréis charlar tranquilamente sin que nadie sospeche!

Las gemelas entran en acción

Durante un día, transformaos en clones: mismo *look*, mismas actitudes… y ved el efecto.

Operación fotogenia

Haceos de vez en cuando una sesión de fotos graciosa en una cabina fotográfica. Posad dos veces para la misma foto; así cada una tendrá la suya.

Viaje al futuro

Meted vuestros recuerdos en una caja: fotos, pulseras de la amistad, entradas a un concierto… Enterradla en un sitio que sólo vosotras conozcáis (haced un mapa del lugar). ¡Y prometeros la una a la otra abrirla al cabo de dos, cinco o diez años!

El camerino de la estrella

¿Sois superfans de una cantante? Después del concierto, esperad cerca de su camerino para pedirle un autógrafo, o haceos amigas de los de seguridad para que os dejen pasar por la entrada de artistas.

97

A mis padres no les gusta mi mejor amiga

¿Qué pegas le ponen? ¿Nada en concreto? A lo mejor les resulta un poco difícil aceptar que algo se les escapa. Si lo piensas bien, las amigas es lo primero que eliges por tu cuenta. Nadie te ha obligado a que te hagas amiga de fulanita, lo has elegido así por decisión propia. Se trata de tu primer paso hacia la vida adulta. No es extraño que eso sea motivo de roces con tus padres. ¡Ya los conoces: a menudo les cuesta ver que sus hijos se hacen mayores!

¿Les parece, en cambio, que esta amiga tiene una mala influencia sobre ti? ¿Qué opinas tú? Puede que seáis muy distintas, que por ejemplo nunca se moleste en saludar. Y tus padres temen que te vuelvas como ella, ¡ellos que son tan estrictos con los buenos modales! Tranquilízales, diles que no piensas en absoluto imitarla. Muéstrales que tiene cualidades. Ayúdales a conocerla mejor, invitándola a casa para que charlen con ella. ¡Seguro que acabarán por llevarse bien!

La opinión del experto

Cuidado, si esta relación influye en tus notas, te incita a robar cosas o a hacer algo «prohibido», es normal que tus padres se preocupen. Y no les falta razón. Intenta ver las cosas con cierta distancia.

Sylvie Companyo, psicóloga

66 Mientras tus padres no vean a tu mejor amiga, ningún problema. Pero si va a tu casa a menudo, a lo mejor te prohíben que sigáis viéndoos. Habla de sus cualidades. Si eso no funciona, pide a tu amiga que sea más educada...

Paula, 11 años 99

66 No pasa nada porque a tus padres no les guste. No estás obligada a hablarles de ella...

Paloma, 11 años 99

Mi mejor recuerdo de amistad

❀ Cuando parecíamos payasos al tener toda la cara llena de churretes de haber comido pastel de chocolate. ¡Vaya risas!

Inés, 12 años

❀ Estábamos en clase de mates y nos hacíamos muecas. ¡Nos entró la risa floja! El profe nos dijo que pusiéramos esas caras delante de toda la clase «para que así nos divirtamos todos»; y si no, nos ponía un castigo. Ya os imagináis las burlas de los demás. ¡Pero nosotras nos partíamos de risa!

Paula, 12 años

❀ La última vez que me echaron una bronca en clase, mi mejor amiga salió en mi defensa, ¡y a ella también le cayó una buena regañina de la directora!

Vero, 13 años

❀ Estábamos en casa de una amiga y nos habíamos disfrazado para ir a ver a otra amiga. Durante el trayecto, la gente nos miraba con una cara… ¡Fue superdivertido!

Sonia, 11 años

❀ Íbamos riéndonos como locas, cuando un coche estuvo a punto de atropellarme. Mi mejor amiga me apartó y se cayó haciéndose mucho daño. Tuvieron que darle puntos. ¡Me salvó la vida! Siempre le estaré agradecida.

Sofía, 10 años

❀ El año pasado me operaron de apendicitis. Me dolía un montón. Pero mi mejor amiga me apoyó muchísimo, venía por casa casi todas las tardes, y me pasó los apuntes de todas las clases a las que falté. ¿Si eso no es una verdadera amiga…?

Marta, 12 años

¡Estás enamorada!

Los chicos… ¿quiénes son esos seres misteriosos?
¡Averígualo en este capítulo!
¿Cómo entenderles mejor, descubrir lo que piensan de ti,
confesarles tus sentimientos o conseguir gustarles…?
¡Aquí esta todo!

Toda la verdad sobre los chicos

¡Basta de tópicos!
Descubre el «misterio chicos».

Sólo piensan en el fútbol (coches, videojuegos...)
FALSO

¡Sí, claro, y tú sólo piensas en qué ponerte! ¿No te parece que simplificas? Es verdad que no tenéis los mismos gustos, pero éstos no están determinados desde que naces en función del sexo. La prueba es que seguro que conoces a chicos que detestan el fútbol. ¿De dónde surgen entonces vuestras diferencias? Para algunos, la respuesta es biológica: vuestros cuerpos no son iguales, ¡eso lo explica todo! Piensan, por ejemplo, que por una sustancia química presente sólo en los chicos, ellos son más inquietos y agresivos. ¡Pero nada demuestra que sea así! En realidad, los principales responsables son... vuestros padres. O, más bien, la educación que os dan. Son ellos quienes eligen vuestros juguetes y actividades.

Y sin darse cuenta, no adoptan el mismo comportamiento con su hija que con su hijo. A ti, por ejemplo, van más bien a proponerte juegos tranquilos, mientras que a tu hermano van a proponerle jugar «a lo bruto». Aprendes así desde muy pronto a actuar conforme a lo que se espera de ti. ¡Así es!

Las chicas no les interesan
VERDADERO   FALSO

Todo depende de la edad. ¿Estás aún en primaria? Observa el patio del recreo: chicos y chicas juegan cada uno por su lado y rara vez se mezclan. A tu edad, es normal. Necesitáis estar con personas de vuestro mismo sexo para entender mejor quiénes sois. Todo cambia con la llegada de la pubertad. El otro sexo se vuelve entonces más interesante. Pero como no evolucionáis al mismo ritmo, te parece quizá que los chicos pasan totalmente de las chicas. ¡Para nada! ¡No son tontos! Se dan perfecta cuenta de que estás cambiando. Y eso es justamente lo que les hace sentirse incómodos. Esa es la razón de que a veces piensen que eres una pesada o de que reaccionen torpemente cuando les confiesas tu amor. Dentro de unos años, estaréis más cerca.

Los chicos no lloran
FALSO

¿Tú crees? ¿Sólo las chicas se ponen tristes? ¡Por supuesto que los chicos también sienten pena! El problema es que, para un chico, llorar está mal visto. Ya se sabe, tiene que mostrarse fuerte en cualquier circunstancia, si no quiere que le lluevan todo tipo de bromas… Por eso, antes que mostrar su tristeza, hace lo que sea para evitar venirse abajo: pega, se enfada. ¡Lástima!

Si dejara correr las lágrimas, eso le aliviaría mucho más. Así que no lo olvides: prohibido reírse de un chico que llora.

Les cuesta expresar sus sentimientos
VERDADERO

¡Pero ellos no tienen la culpa! Una vez más, es por su educación. Seguro que ya te han reprochado alguna vez que seas cotilla; a un chico es más raro que se le haga ese comentario. Lógico: en la mente de las personas, ¡las parlanchinas son las chicas! Desde que son pequeñas, se les anima a que hablen, a que digan lo que sienten. Pero con los chicos no se adopta la misma actitud. Y luego nos extrañamos de que, más adelante, les cueste hablar de sus emociones.

bueno… esto… ¿salir?… cómo… al cine… me caes bien… pero… vale… ¿cómo decirte?.. hum…

103

¿Es posible ser amiga de un chico?

❀ ¡Por supuesto que la amistad con un chico es posible! Creo que es incluso mejor porque no existe la rivalidad o las envidias que pueden darse entre chicas.

Carlota, 11 años y medio

❀ Si no hablamos con ellos, ¿cómo vamos a conocerlos? Hay gente que piensa que si nos hacemos amigas de un chico es porque estamos enamoradas de él, ¡pero eso no es así! *Clara, 10 años*

❀ Puede haber una amistad chico/chica. La diferencia es que las conversaciones con los chicos son más interesantes. Se habla menos «para no decir nada».

Olga, 12 años

❀ Tener a un chico por amigo está bien pero es un poco peligroso, porque corres el peligro de enamorarte. Con los chicos no suele haber tantas confidencias, ya que ellos prefieren el deporte y hacer bromas. *Laura, 11 años*

❀ ¡Es genial tener amigos chicos! Pueden aconsejarte si tienes una historia de amor y, además, te escuchan más que las chicas.

Estela, 12 años y medio

❀ Con los chicos nos reímos un montón. Es verdad que no hablamos con ellos como con las chicas. Ellos se hacen muchas menos preguntas. *Pati, 13 años*

❀ Yo tengo un montón de amigos chicos. Hablamos de las pelis que hemos visto, jugamos juntos. El problema es que no muestran sus sentimientos. Se esconden como si fueran todavía unos niños.

Mónica, 9 años

Los chicos no me interesan, ¿es normal?

¡Pues claro! ¡Estás en tu derecho de que los chicos te sean indiferentes! Faltaría más que te obligaras a hacer algo que no te apetece, como salir con un chico, por ejemplo, para no ser menos que tus amigas. Por el momento, para ti los chicos quizá sean sólo buenos amigos… ¡o a lo mejor te parece que son tontos! Ni te preguntas si gustas a X o si Y se ha fijado en lo que llevas puesto. ¡Haces bien! En cambio, es una pena no intentar conocerlos mejor. Seguro que podrían enseñarte un montón de cosas. Trata de compartir con ellos algunas actividades, propón un debate en clase… En cuanto a las amigas, si sus conversaciones «de enamoradas» te ponen de los nervios, explícales que te gustaría cambiar de tema de vez en cuando.

La opinión del experto

No vas a despertarte un buen día diciendo «¡ah, vaya, los chicos me interesan!». El descubrimiento del sexo opuesto lleva su tiempo, se produce poco a poco, y sobre todo cada uno lo hace a su ritmo.
Sylvie Companyo, psicóloga

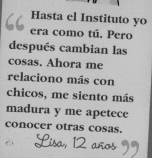

66 Hasta el Instituto yo era como tú. Pero después cambian las cosas. Ahora me relaciono más con chicos, me siento más madura y me apetece conocer otras cosas.
Lisa, 12 años 99

66 Por un lado paso de los chicos, pero por otro me interesan. Lo reconozco: a veces también me apetecería tener algún amigo. Pienso que todas las chicas son un poco así, ¿no crees?
Noelia, 11 años 99

66 Es normal no pensar en los chicos, ¡ya habrá tiempo! Y encontrar a alguno que te guste de verdad, es algo que puede esperar, ¿no te parece?
Blanca, 11 años 99

El amor, ¿qué es eso?

◎ El verdadero amor es tan fuerte que no deja lugar a dudas o vacilaciones. Cuando se quiere de verdad, lo sientes en tu interior. No se quiere más o menos. Se quiere y punto.

Nora, 13 años

❀ Cuando un chico te vuelve loca y sueñas que te susurra cosas bonitas y te pones supercontenta cada vez que le ves, ¡estás enamorada!

Laura, 10 años

◎ A mí me parece que no se puede expresar lo que sientes cuando estás enamorada. Lo único que conseguimos decir es que nos sentimos fenomenal pero un poco raras.

Carla, 12 años

❀ Pienso que a nuestra edad no sentimos amor realmente. Creemos que sí, pero no. Salimos con chicos sólo para divertirnos..

Celia, 11 años y medio

◎ Para mí, el amor es un sentimiento muy profundo. Me siento rara, es una mezcla de alegría y miedo. Es mágico.

Sole, 10 años

❀ El amor te da fuerza. Cuando quieres a alguien y eres correspondida, todo va bien, te sientes genial, ligera, y todo resulta sencillo.

Alicia, 13 años

La opinión del experto

Aunque a tu edad no se quiere de la misma manera que entre adultos, ¡lo que sientes no es por ello menos fuerte! El amor, ¿en qué consiste? Aún lo desconoces. Todavía no sabes bien quién eres, ¡así que imagínate mostrarte a otra persona! Sobre todo, no quemes etapas, date tiempo. Y estate tranquila, ¡tú también eres digna de ser amada!

Sylvie Companyo, psicóloga

¿Estás realmente enamorada?

¿Te encanta un chico, pero no estás segura de tus sentimientos?

¡A qué esperas para averiguarlo!

Instrucciones: rodea de 0 a 3 corazones por propuesta. Cuantos más rodees, más se corresponderá la frase con tu actitud.

● Desde que le conociste, los demás chicos carecen de todo interés. ♥ ♥ ♥

● No paras de hablar de él. Tus amigas están hartas, ¡pero te da igual! ♥ ♥ ♥

● ¿Se le acerca alguna chica? Te pones supercelosa. ♥ ♥ ♥

● Él es el más guapo y el más divertido. ¡Sólo tiene cualidades! ♥ ♥ ♥

● Te las ingenias para encontrarte con él. Y en cuanto le ves, el corazón se te desboca. ♥ ♥ ♥

● Te gustaría compartir sus gustos y sus aficiones. ♥ ♥ ♥

● Para gustarle, haría cosas que detestas: ¡jugar al fútbol, por ejemplo! ♥ ♥ ♥

● ¿Te habla o te dice algún cumplido? Te pones como un tomate. ♥ ♥ ♥

● Un día sin verle se hace durísimo: ¡lo necesitas tanto! ♥ ♥ ♥

Suma los ♥ que has rodeado.

Le quieres...

De 0 a 8: ...un poco
Vale, te sientes atraída por este chico. ¿Pero le quieres? No está claro. Si conocieras a otro chico que te pareciera guapo y supersimpático, ¡a lo mejor lo encontrabas menos interesante! Un consejo: deja pasar algo de tiempo hasta tener las cosas más claras.

De 9 a 17: ...mucho
Enamorada sí estás, pero no hasta el punto de perder la cabeza. Aunque estés dispuesta a hacer lo posible por seducir a «tu» chico, te niegas a ir corriendo detrás de él. Además, antes de confesarle tus sentimientos, quieres asegurarte de que no está jugando contigo. ¡Es lo más prudente!

De 18 a 27: ...con locura
No hay duda: ¡presentas todos los síntomas del amor con mayúsculas! ¿Es grave? No, siempre que mantengas otros intereses que no sean él... y que comparta tus sentimientos. ¡Intenta averiguar más cosas sobre lo que piensa de ti!

Test de Julie Got

107

5 formas de decirle a un chico que te gusta

No es fácil confesar tus sentimientos…

Escríbele

Opta por la sencillez. Si te quedas en blanco, puedes inspirarte en un libro o inventar un poema. Luego mete discretamente tu mensaje en su abrigo o dáselo en mano cuando esté solo.

 Evitas el cara a cara. Ante el papel puedes reflexionar, elegir las palabras, volver a empezar…

No ves su reacción.

> " Llámale para una falsa encuesta anónima sobre los adolescentes y el amor. Para evitar que te reconozca, pide a una amiga de confianza con voz más madura que le pregunte en tu lugar, y pon el «manos libres»
>
> *Ruth, 13 años*
>
> Acércate a él en el recreo y díselo. Si eres tímida, entrénate delante del espejo.
>
> *Carina, 10 años* "

Díselo

Elige un momento en que esté solo. Dile lo que sientes, que lo pasas bien con él, que te gusta… Intenta mirarle a los ojos. Si empiezas a balbucear, que no te entre el pánico, eso da mucha ternura.

 Tendrás ya la respuesta y podrás observar su reacción.

Si tú no le gustas, le resultará difícil disimularlo.

Hazle llegar un mensaje

Pide a una amiga en quien confíes que te haga de intermediaria o habla con su mejor amigo para tratar de averiguar si tú le gustas.

 Evitas «hacerle frente».

A los chicos no les suele gustar este método, y además el mensajero puede no ser «de fiar».

" Evita el teléfono: no ves su expresión y cuando se dicen ese tipo de cosas es importante ver cómo reacciona la otra persona.

Lola, 13 años

Intenta acercarte a él y hacerte amiga suya, será más fácil hablarle luego de ello. ¿Eres demasiado tímida? Proponle una adivinanza, cántale una canción divertida, o bien dile que es más que un amigo, sabrá de qué le hablas…

María, 9 años y medio

Mi consejo: la carta. No le hables demasiado de lo que piensas de él, hazle preguntas y dile que te conteste.

Marta, 12 años "

Hazte la misteriosa

Envíale una carta o un SMS con una frase divertida, como: «Estamos en la misma clase y me gustaría conocerte mejor. ¿Quién soy? Firmado: una admiradora desconocida».

 Divertido, puedes observar su reacción sin que él lo sepa y ver si comparte tus sentimientos.

➖ Puede que no entienda nada.

Díselo por teléfono

Lánzate directamente, o bien ten preparado lo que vas a decirle.

 Protegida por el teléfono, te da menos vergüenza y no tienes que sostener su mirada…

 Puedes perder el hilo y no ver su reacción.

" Yo mandé una carta con un juego. Había escrito «te quiero, un poco, mucho…» y luego había resaltado lo que yo pensaba. Cuando me la devolvió, vi que él había marcado «un poco»…

Julia, 9 años

Los chicos son muy pudorosos: no les gusta expresar lo que sienten. Es mejor que hables con él cuando no estén sus amigos ni tus amigas delante.

Sonia, 11 años "

109

Me gustan dos chicos...
¿con cuál me quedo?

Tienes el corazón dividido entre los dos. Has descubierto el sentimiento amoroso, lo que es genial. Es normal tener algunas dudas porque aún no estás muy segura de lo que sientes. ¿Qué es lo que te gusta de estos dos chicos? Cuidado: trata de hacer la distinción entre la sensación amorosa y el simple hecho de encontrar que un chico es… encantador.

No tienes ninguna duda: ¿los dos te gustan por igual? Pasa algo de tiempo con cada uno de ellos, piensa a cuál de los dos echas más en falta y deja que hable tu corazón. Pero ten cuidado, estos chicos no están a tu disposición. Son seres humanos, dotados de sensibilidad al igual que tú. Ponte un segundo en su lugar. Si un chico te dijera que no sabe si elegirte a ti o a tu mejor amiga, seguro que pensabas: «¡Qué idiota, en realidad no quiere a ninguna de las dos!».

Una última cosa: ¿sabes ya qué sienten esos chicos por ti? Quizá eso pueda ayudarte…

" Para decidirte, elige al chico con el que estás más a gusto y que mejor se porta contigo.
Eloísa, 11 años "

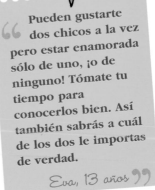

" Pueden gustarte dos chicos a la vez pero estar enamorada sólo de uno, ¡o de ninguno! Tómate tu tiempo para conocerlos bien. Así también sabrás a cuál de los dos le importas de verdad.
Eva, 13 años "

" Imagínate que te marchas a vivir a otra parte, o evítales a los dos durante una semana. Al que hayas extrañado más, ¡ése es! Pero, sobre todo, ¡no se te ocurra salir con los dos a la vez!
Dafne, 10 años "

¡Me he enamorado de mi mejor amigo!

¿Te preguntas si debes decírselo? Nadie puede decidir por ti. Primero tienes que estar bien segura de tus sentimientos. Luego, reflexiona: ¿si tú a él no le gustas, cómo te lo vas a tomar? ¿Te bastará que sigáis siendo sólo amigos? Además, seguro que os vais a sentir algo incómodos después de que se lo hayas dicho. Pero por otra parte, si te callas lo que sientes, a lo mejor a la larga te arrepientes.

Antes de hacer nada, intenta averiguar si en él también se ha producido un cambio en sus sentimientos hacia ti. Puedes pedir a tus amigas que observen su comportamiento y te digan qué opinan. Sin ser demasiado directa, puedes «enviarle señales» para ver cómo reacciona. Si crees que él también está enamorado, lánzate. Si la cosa al final no funciona, nada te dice que no podáis seguir siendo amigos a pesar de todo.

66 Es verdad que te arriesgas a estropear vuestra amistad. Hazle preguntas como «¿crees que el amor puede acabar con la amistad?». ¡Luego, todo depende de lo que te responda!

Pati, 12 años 99

La opinión del experto

Enamorarte de tu mejor amigo… o creer que lo estás resulta muy práctico… ¿Por qué? Porque te evita arriesgar demasiado. El amor representa lo desconocido, pero a tu mejor amigo lo conoces bien, y eso te asusta un poco menos…

Sylvie Companyo, psicóloga

66 Jugad a «verdad o atrevimiento». Cuando le toque a él y escoja «verdad», pregúntale el nombre de la chica que le gusta.

María, 11 años 99

66 Encarga a una amiga que investigue. Eso es lo que hice en el caso de mi mejor amiga. ¡El chico también estaba pillado por ella!

Mati, 10 años 99

Yo le gusto, pero él a mí no

¡Es genial sentirse querida! Hace mucha ilusión. Pero aunque este chico te inspire ternura, ¡a veces también te pone de los nervios! No sabes cómo salir de ésta sin hacerle daño.

Primero, no te olvides de que ha sido valiente al declararse. Por eso no seas demasiado dura con él. ¡Los chicos también tienen su corazoncito! Está claro que lo que le digas no le va a alegrar, pero sé clara y firme. Si no, va a seguir haciéndose ilusiones: eso te pondrá las cosas más difíciles y a él le hará sufrir todavía más.

Explícale, por ejemplo, que te sientes halagada pero que no sientes lo mismo por él. Si te pregunta por qué no le quieres, contéstale que el amor no depende de uno, que se siente o no. Se sentirá menos herido que si le dices que te parece feo o un poco tonto, aunque en realidad sea eso lo que piensas. También puedes ofrecerle tu amistad si te apetece. Y sobre todo, no le rechaces delante de sus amigos. Si te cuesta mucho decírselo cara a cara, escríbele. Eso le permitirá digerir su decepción a salvo de la mirada de los demás… y sobre todo de la tuya.

" Escríbele una carta, dásela y dile que la lea el fin de semana
Alicia, 12 años "

" Sobre todo, ten un poco de tacto. A mí me gustaba un chico que me dijo muy serio que yo a él no, y que dejara de molestarle. Me sentó fatal.
Flora, 13 años "

" Explícale que no estás enamorada, pero con palabras que no le hagan daño. Pero dile que te alegra que te lo haya dicho.
Ana, 10 años "

¿Qué siente él por ti?

De la amistad al amor, a veces no hay más que un paso. Si te preguntas qué siente un chico por ti, ¡este test te dará la respuesta!

Instrucciones: para cada propuesta, marca la casilla que mejor refleje la actitud de «tu» chico.

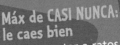

	CASI NUNCA	A MENUDO	SIEMPRE
Habla más contigo que con tus amigas.			
Si alguien se mete contigo, sale enseguida en tu defensa.			
Si estáis a solas, te hace un montón de preguntas.			
Cuando estás con él, se pone colorado o le entra la risa.			
Si ha quedado para salir o ir a alguna fiesta, te invita.			
Siempre que puede, te hace algún cumplido, como «Me gusta lo que llevas».			
No le importa prestarte sus cosas.			
Se acerca a saludarte en el recreo, aunque no tenga nada que decirte.			
¿Cuando haces como que no le has visto, se le queda cara de pena?			
¿Te mira y te sonríe a escondidas?			

Máx de CASI NUNCA: le caes bien

Le gusta estar a ratos en tu compañía porque eres divertida y simpática. Pero por el momento, sólo te ve como una buena amiga o como su confidente… ¡Lo que no es poco! Con ello te demuestra que confía en ti…

Máx de A MENUDO: no tiene las cosas muy claras

¿Amor o amistad? Su corazón oscila entre ambos. A veces se dice a sí mismo que eres una superamiga, ¡y otras está loco por ti! Vamos, que está hecho un lío con sus sentimientos. Anímale tú a que dé el paso si ves que eso es lo que quieres.

Máx de SIEMPRE: seguro que le gustas

¿Sigues dudando de que le intereses? ¡Haces mal! Aunque se esfuerza por disimularlo, este chico parece bastante colado. Para atreverse, sólo espera una señal de tu parte. Y si no haces nada, bien podría no dar el paso por miedo a quedar en ridículo…

Test de Julie Got

Cómo gustarle en 4 lecciones

No, no hay ninguna receta milagrosa. Pero averigua cómo poner la suerte de tu parte…

1. Sé tú misma

Para que por fin se digne posar su mirada sobre ti, estás dispuesta a todo: a cambiar de *look* e incluso… ¡de personalidad! Olvídate. Te arriesgas a que acabe interesándose por una chica que no tiene nada que ver con la que de verdad eres. No te compliques: sé natural.

> " Sé natural y no intentes impresionarle haciéndote pasar por alguien que no eres. Si le caes bien pero no eres su tipo, no vale la pena que cambies por él.
>
> *Julia, 11 años*

Intenta averiguar si os gustan las mismas cosas, etc. A lo mejor te das cuenta de que no está hecho para ti (es lo que le pasó a una amiga mía).

Clara, 10 años "

2. Intenta conocerlo mejor

¡No tienes nada que perder! De entrada, sabrás realmente si ese chico te gusta. Además, al enterarte de cuáles son sus gustos si pasas tiempo con él, ambos aprenderéis a descubriros y… a apreciaros. El amor exige tiempo para construirse. Poco a poco, irá dándose cuenta de que le gusta estar contigo y hacer cosas juntos. Quizá sea éste el comienzo de una bonita historia. Y no pasa nada si al final te das cuenta de que no

> " Tienes que familiarizarte con él. Juega más con él, háblale, intenta acercarte a él en clase. Con estas señales, entenderá.
>
> *Carola, 9 años*
>
> Intenta llamar su atención con miradas; pero no te pases, no te le quedes mirando fijamente, no estés todo el rato pegada a él; si no, le vas a asustar o a poner nervioso.
>
> *Julieta, 13 años* "

estás tan enamorada como pensabas, quizá hayas hecho un nuevo amigo…

3. Guarda el secreto

No proclames tu amor a los cuatro vientos. ¡Estar enamorada es algo íntimo! No es algo que se comparta con cualquiera. Imagina la reacción del chico de tus sueños si se entera en el patio del colegio de lo que sientes por él. Puede que se sienta superincómodo. O peor aún, lo mismo reacciona fatal y se burla de ti para disimularlo. Aunque sienta lo mismo que tú… Sería una pena estropearlo todo, ¿no crees? Conclusión: sé discreta.

4. Date por vencida

¿Sigue sin producirse ningún avance a pesar de todos tus esfuerzos? Aunque te sientas decepcionada, no insistas. ¡El amor no se puede forzar! No puedes obligarle a que te quiera. Si te empeñas en perseguirle, va a acabar pensando que eres una pesada y podría decirte cosas que te duelan. Por supuesto que no es fácil. Seguro que vas a estar triste… durante algún tiempo. Luego, llegarás a olvidarle y te darás cuenta, quizá, de que no te habías fijado que hay un chico supergenial que te ama en secreto.

Salir con un chico es...

Una mini-lista para desvelar el misterio...

💙 Pasear de la mano.

💙 Pasarse horas hablando sin notar que pasa el tiempo.

💙 Mirar abrazados una puesta de sol o cómo cambian las formas de las nubes.

💙 Intercambiar palabras de amor.

💙 Citarse en secreto.

💙 Besarse en el cuello, en los párpados, en la palma de la mano... y a veces en los labios.

💙 Mirarse a los ojos sin decir nada.

💙 Regalarse una pulsera con el nombre del otro.

>> Significa compartir cosas llenas de emoción con él.
> *Estela, 12 años*
>
> Salimos con un chico cuando pensamos que estamos preparadas para ello. Significa pasear juntos, ir al cine y si queremos, besarse.
> *Lola, 12 años* 99

>> Salir con un chico es cogerse de la mano, mostrar tus sentimientos aunque te pongas colorada...
> *Camila, 11 años*
>
> Significa estar enamorados y darse besitos...
> *Paloma, 13 años* 99

💙 Llamar por teléfono sólo para oír el sonido de su voz.

💙 Hacer una carrera en la piscina, con un beso para el ganador.

💙 Simular jugar al escondite, sólo por el placer de ser descubierto.

💙 Rehacer 20 veces la misma carta porque no encontramos las palabras para describir nuestros sentimientos.

💙 Jugar a adivinar las palabras del otro.

💙 Decirse cosas bonitas y pensarlas de verdad.

💙 Correr el uno hacia el otro cuando no nos hemos visto en mucho tiempo.

💙 Mirar una peli en el cine cogidos de la mano, y apoyar la cabeza en su hombro.

¡No salgo con nadie!

¡Que no cunda el pánico! ¡Por qué tendrías que estar saliendo con alguien! ¿Te sientes marginada porque tus amigas sí, o porque te han dicho que ya han salido con un montón de chicos? No te fíes: a lo mejor están exagerando un poco, para hacerse las «mayores».

No hay ninguna regla que diga que a una edad determinada haya que estar saliendo con un chico. Lo principal es que estés a la escucha de lo que tú deseas. Si sales con alguien «para no ser menos que tus amigas», te arriesgas a sentirte muy decepcionada.

Vale, serás más parecida a las demás. Pero no por ello te sentirás «normal», ya que no estarás siendo consecuente contigo misma. El amor es un sentimiento demasiado valioso como para estropearlo.

Hace falta tiempo para conocer al otro, para quererlo. No te precipites. Atrévete a decir que prefieres esperar al chico que merezca realmente la pena, antes que optar por el primero que pase.

A tu edad nos preguntamos: ¿es posible que alguien pueda quererme? Y esto te angustia todavía más si no tienes ningún pretendiente. No te preocupes: el amor vendrá cuando estés preparada. De momento, a lo mejor no has encontrado a ninguno que te guste como para tener una relación amorosa. Deja que el tiempo lo decida.

Sylvie Companyo, psicóloga

"Todas soñamos con un novio. No es que tengamos menos posibilidades que los demás. Llega cuando toca, eso es todo.

Laura, 9 años "

"La primera vez que salí con un chico tenía 9 años. Me arrepentí muchísimo: yo no era todavía lo bastante mayor.

María, 11 años "

Los secretos del beso

¡3 preguntas para saberlo todo!

¿Cuándo debo besarle?

Sólo cuando te sientas preparada y te apetezca de verdad. Sobre todo, no te fuerces. Sería realmente una pena hacerlo solamente porque sí o por imitar a tus amigas. En vez de disfrutar de esa experiencia compartida, te arriesgas a pensar solamente en cómo va a salir. Podría llegar incluso a parecerte asqueroso. Un beso no se da así como así, a lo loco, es algo muy íntimo. Resérvalo pues para alguien que te guste de verdad.

> ❝ ¡Al principio, estaba aterrada! Me preguntaba cómo hacerlo. En realidad, es sólo un beso de amor: acaricias tus labios con los de tu chico. Y si él te gusta de verdad, ¡es increíble!
>
> *Violeta, 13 años* ❞

Y no sólo porque salgas con un chico estás obligada a besarle. Tómate el tiempo que necesites: los dos tenéis que desearlo. Escucha lo que sientes: cuando os conozcáis bien, cuando te sientas a gusto, las ganas llegarán por sí solas.

¿Es normal tener miedo?

¡Claro! Es un momento importante, ¿no te parece? Seguro que te haces muchas preguntas: ¿voy a saber cómo hacerlo? ¿Y si no me gusta? ¿Y si piensa que beso fatal? Tranquilízate: tu chico seguro que comparte las mismas angustias. Llegado el momento, las dudas se esfumarán y las ganas de

¿HUM...?

intercambiar un beso aparecerán de forma natural.

¿Cómo se besa?

No busques el manual de instrucciones detallado. ¡No existe! Besarse es un gesto espontáneo. No una proeza técnica. Es imposible describirte exactamente lo que ocurre. Cuando dos enamorados se besan, no piensan en nada. Se dejan llevar por sus sentimientos, sus emociones. Al principio, sus labios se acercan, se rozan. Pueden aventurarse a besar también por el rostro, los párpados, el cuello, las mejillas, las comisuras de la boca… Luego las bocas se entreabren, y sus lenguas

se exploran con mucha ternura. Cada uno encuentra su propia manera de expresar sin palabras lo que siente. No te preocupes, en tu caso todo sucederá también con muchísima naturalidad.

❝ A mí al principio también me estresaba, pero en realidad no hace falta pensar y encontrar una táctica: sale solo. *Lola, 13 años*

La primera vez estaba tan asustada que aparté la cara. En realidad, no te das cuenta de lo que haces durante el beso.
Ariadna, 13 años y medio ❞

❝ No lo hagas si no te apetece; si no, te dará asco y te arrepentirás. Es una bobada dar tu primer beso (importante) por competir con tus amigas. El día que te sientas preparada y encuentres a la persona adecuada, podrás hacerlo. ¡Mi prima no se dio su primer beso hasta los 16 años! *Bea, 12 años* ❞

Me gusta un chico más mayor que yo

¿Os lleváis unos años de diferencia y te preguntas si puedes gustarle? ¿Por qué no? ¡En el amor, la diferencia de edad no es forzosamente un obstáculo! En realidad, todo depende del número de años que os separen. Si entre adultos, 5 o 10 años no son gran cosa, en tu caso es distinto. Tú estás a las puertas de la adolescencia, mientras que el chico quizá ya la haya pasado. Muy pronto no tendréis las mismas expectativas ni los mismos deseos. Y si se trata del monitor del campamento, o de un profe que te encanta, lo siento, pero vuestra historia es casi imposible. Vivís en mundos demasiado distintos como para poder construir una relación.

La opinión del experto

Si te sientes atraída por un chico mayor es porque indudablemente te parece menos inmaduro que los chicos de tu edad. Es normal: no evolucionáis al mismo ritmo. En cambio, si se trata de un adulto, seguro que lo que buscas es poner a prueba tu nueva feminidad, puesto que a él quienes le interesan son las mujeres, no las niñas… Y además, en el fondo, sabes muy bien que vuestra historia es imposible, ¿a que sí?

Sylvie Companyo, psicóloga

" Si le amas de verdad, la edad no cuenta. Escucha sólo a tu corazón. ¡Nadie te obligará a casarte con un hombre de tu misma edad!

Ana, 12 años "

" Todo depende de la diferencia de edad: 1 o 2 años, ningún problema, los chicos siempre maduran algo más tarde que las chicas. Pero si son más, pienso que no está bien, ni para ti ni para él. Nuria, 12 años y medio "

¡Ya no me quiere!

A los 10 como a los 30, un disgusto amoroso duele. Amada, te sentías quizá guapa e inteligente. Ahora seguro que piensas que no vales nada. Error: sigues siendo la misma, bueno casi, porque lo que acabas de vivir te ha enriquecido y te ha enseñado cosas sobre ti misma. ¿Por qué no ha funcionado? Es difícil decirlo. En el amor, estás todavía aprendiendo. A lo mejor es que has ido demasiado deprisa, que no te has tomado el tiempo necesario para conocerle bien, que tú hayas cambiado y él no…

Seguro que piensas que la pena que sientes nunca se te va a pasar. Y sin embargo sí, es cuestión de tiempo. ¿Cuánto? Algunos días sólo, o más, depende de las personas y de la importancia que este amor haya tenido para ti. Aunque estés convencida de lo contrario, las ganas de querer a alguien siguen existiendo dentro de ti. Sólo que de momento están en reposo… hasta un próximo encuentro. Para aliviar la pena, no te aísles: oblígate a quedar con tus amigas, a hacer actividades aunque no te apetezca. Poco a poco se te pasará… ¡y podrás conocer gente nueva!

❝ ¡No se olvida a una persona a la que quieres así como así! Pero con el tiempo, se te pasa y descubres otras cosas…
Sonia, 11 años ❞

❝ He tenido muchos desengaños amorosos, ¡pero es porque enseguida me encariño! ¡A veces me enamoro de gente a la que apenas conozco!
Lucía, 12 años ❞

❝ Concéntrate en las clases y en tus amigas, pensarás menos en ello.
María, 11 años ❞

121

¿El cole?
¡Sin problemas!

¡Gusta o no gusta, pero nadie se libra!
Rápido, apréndete todos mis trucos para triunfar
en el universo escolar. Te enseñaré a desarrollar la memoria,
a convertirte en la reina de la planificación,
a que no sea un suplicio hacer los deberes,
a sacar los exámenes con nota, e incluso a llevarte
de maravilla con tus profes…

¿Lista para la vuelta al cole?

Falta poco para que se acaben las vacaciones.
¿Estás a tope para reanudar las clases?

1. Este verano has estudiado:
- ● Lo mínimo, para no perder la costumbre.
- ▲ ¡Lo bastante como para llenar tres cuadernos de vacaciones!
- ■ Lo que se va a llevar este otoño…

2. La idea de volver al cole…
- ▲ Te encanta: empezabas a aburrirte
- ■ Te deprime: ¡el verano se ha pasado volando!
- ● Te da igual: no te queda más remedio.

3. Antes de septiembre, vas a comprarte:
- ● Ropa y una mochila.
- ▲ Una tonelada de material escolar.
- ■ Nada. Esperas la lista de los profes.

4. El primer día de clase, te gustaría…
- ■ No levantarte de la cama.
- ● Volver a ver a todas tus amigas.
- ▲ Estar en la clase de tu profe favorito.

5. En este momento, piensas en:
- ● Aprovechar los días que te quedan.
- ▲ El curso que empieza.
- ■ Las próximas vacaciones.

Calcula tu puntuación:
■ = 0   ● = 1   ▲ = 2

De 0 a 3 puntos: ¿ya otra vez…?

¡Ojalá que las vacaciones no se acabaran nunca! La vuelta al cole se te hace tan cuesta arriba que casi prefieres no pensarlo. No estás en absoluto preparada para afrontar este nuevo curso. ¡Mentalízate antes del día D para que no te pille desprevenida!

De 4 a 7 puntos: vale, como no queda otra…

Retomar el camino del colegio no parece que te entusiasme… Pero ya que no vas a librarte de esta obligación, más vale que te lo tomes lo mejor posible… y vayas preparándote poco a poco para no agobiarte. Cuando no hay elección, es mejor ver el lado bueno de las cosas, ¿no te parece?

De 8 a 10 puntos: ¡superpreparada!

Se han acabado las vacaciones, ¿y qué? Tras haber descansado una buena temporada, estás deseando volver a ver a tus amigas, a toda tu clase e incluso a los profes. Hiperorganizada, ya lo tienes todo previsto (y comprado) para que la vuelta al cole vaya sobre ruedas. ¡Enhorabuena!

Test de Julie Got

124

¿La vuelta al cole? ¿Miedo yo?

Unos cuantos preparativos y todo irá bien. ¡Aquí está la clave!

D-15: no te agobies

No, aunque hayan pasado más de dos meses sin clase, no se te ha olvidado todo. Además, los primeros días, lo más probable es que repaséis lo del año anterior. ¡Relájate! Tampoco sirve de nada ponerse a estudiar el nuevo programa. ¡Las vacaciones no están para eso! Para sentirte más segura, relee tus apuntes del año anterior dos semanas antes del comienzo del curso.

D-7: recupera tus costumbres

Este verano has pasado del despertador. Te has acostado tarde… y levantado a las tantas. ¡Normal, estás de vacaciones! ¡Pero qué pereza el primer día de clase! Para evitar quedarte dormida, pon el despertador un poco antes cada día: D7: 9.30; D6: 9.00, etc., hasta tu hora habitual de levantarte… y no olvides acostarte antes de las nueve.

D-4: invéntate un ritual

¿Y si programaras alguna actividad para «inaugurar» el comienzo del curso? Salir de compras con tu madre, por ejemplo, para renovar vestuario. O bien pegar tus fotos en un álbum de vacaciones para enseñárselo a tus amigas.

D-3: llama a tus amigas

¿Por qué no quedáis una tarde? Podéis intercambiaros consejos y… daros ánimos unas a otras. ¡En grupo, uno se siente más fuerte! ¿Y si hicierais juntas el trayecto el primer día?

Cómo llegar a ser una superalumna

En 10 lecciones.

1. No te saltes el desayuno

Necesitas energía para aguantar una dura jornada. Si de verdad no te entra nada, bébete un vaso de agua o un zumo al levantarte. Eso abre el apetito.

2. Prepara tus cosas el día anterior

Con ello evitarás las carreras nada más levantarte. Mete tus libros y cuadernos en la mochila y deja tu ropa preparada sobre la silla.

3. Evita hacer los deberes en el último minuto

¡Si no, sólo conseguirás angustiarte! Vete adelantando el trabajo y haz los deberes a medida que te los vayan dando, para no verte enseguida desbordada. Se suele recomendar una media hora de estudio cada tarde en primaria, y una hora en 1º y 2º de la ESO.

4. Relee tus apuntes el mismo día

Eso ayuda a fijar los conocimientos, facilitando así el trabajo de la memoria. Cuando te toque estudiar el tema que has visto en clase, te será más fácil aprendértelo.

5. Pregunta en clase

Todos los profes lo dicen: la mayor parte del trabajo se hace durante las clases. Así que, ¡aprovecha! Cuando estés sola haciendo los deberes no habrá nadie que te los pueda explicar.

8. Desconfía de las primeras impresiones

A menudo, los primeros días es cuando la gente se hace una idea de tu carácter. Evita pues los comportamientos excesivos o la ropa demasiado excéntrica. Podrían ponerte una etiqueta que en realidad no se corresponde con tu personalidad, y luego te va a costar quitártela.

9. Apréndete el tema antes de empezar los ejercicios

Parece lo lógico, ¡y sin embargo lo sueles hacer al revés! ¿Cómo pretendes entonces que te salgan los ejercicios a la primera? Piensa con la cabeza.

6. Distráete

¡Para sacar buenas notas, también hay que ser capaz de muchas otras cosas! Hay que saber relajarse; por ejemplo, leyendo, jugando, practicando algún deporte… ¡o bien no haciendo nada en absoluto! Por la tarde, antes de los deberes, resérvate una media hora de distracción. Evita la tele: ¡no te relaja, te altera!

7. Duerme bien

Dormir bien es importantísimo. Por la noche, todo lo que has aprendido durante el día se estructura y se fija en la memoria.

10. Cuida la presentación

Si devuelves un trabajo lleno de tachones o, peor aún, ilegible, seguro que a tu profe no le gusta. Escribe con cuidado y bien. Será un punto a tu favor, sobre todo si hay alguna que otra falta de ortografía.

¡Mis padres sólo piensan en las notas!

Eso es porque se preocupan por tu futuro. Hay que entenderlos. En la tele, en los periódicos, no paran de hablar del desempleo. Francamente, ¿es que tú no te angustiarías? Si estuvieras en su lugar, querrías que tus hijos tuvieran la seguridad de encontrar trabajo más adelante, y además en algo que les gustara.

¡Pues lo mismo les pasa a tus padres! Para ellos, aprobar con buenas notas es una garantía de conseguirlo. A ti te parece que aún falta mucho para eso, claro. ¡Y preferirías que te preguntaran por cómo te va en general en el colegio y no sólo por tus notas! ¿Y si lo comentaras?

La opinión del experto

El colegio ocupa un lugar muy importante para tus padres.

Si vas bien en el cole, es un poco como si a ellos les fuera bien también. Por eso, les basta con saber que sacas buenas notas, y a veces no sienten demasiada curiosidad por el resto.

¿Y si les propusieras este pequeño juego a la hora de cenar: contar el momento más divertido o el más horrible del día? Esto te permitiría saber cosas sobre su vida en el trabajo, y a ellos interesarse por algo más que por tus notas.

Sylvie Companyo, psicóloga

❝ Arréglatelas para sacar unas notas aceptables y te dejarán tranquila.

Sara, 10 años ❞

❝ ¡Diles que dejen de presionarte! Que eso te agobia todavía más cuando hay exámenes y te impide estar al máximo de tus posibilidades.

Ruth, 9 años ❞

❝ ¡Es normal que tus padres presten atención a tus notas! Lo hacen para ayudarte a progresar. En mi caso, a ellos les da igual, ¡y la verdad es que eso me fastidia un montón!

María, 12 años ❞

Hay días que me encuentro fatal

¿Esto te pasa antes de cada examen? ¿Casualidad? ¡Para nada! Es tu manera de eliminar el estrés. Lo malo es que eso no va a resolver tu problema. Sería mejor que trataras de enfrentarte a lo que te angustia. ¿Has repasado bien los apuntes? Entonces, ánimo, seguro que todo saldrá bien.

En cambio, si esta situación se repite con demasiada frecuencia: dolor de tripa, dificultades para dormir, etc., estos síntomas pueden indicar que hay algo en el cole que te perturba mucho. ¿Qué ocurre? ¿Tienes un problema con algún profesor? ¿Hay compañeros que se meten contigo? Piensa en estas preguntas. Escribe las respuestas en un papel, te sentirás algo mejor.

Pero sobre todo, no te quedes a solas con tus problemas, háblalo con una amiga, con tus padres o con un adulto del colegio. Sabrán cómo ayudarte.

La opinión del experto

A veces, a un niño le resulta difícil expresar lo que siente. Entonces, en ocasiones, ¡el cuerpo habla en su lugar!

Con tus dolores de tripa o de cabeza, lanzas un SOS a tus padres: ¡escuchadme! ¡Preguntadme lo que me pasa! ¡Hacedme caso! Eso es lo que les dices, a tu manera.

Si en cambio tu angustia es realmente muy muy fuerte, y no te sientes mejor después de haberlo hablado con tus padres, quizá convenga comentarlo con un médico.

Sylvie Companyo, psicóloga

Toda la verdad sobre la ESO

¡Basta de rumores! Esto es lo que te espera en el Instituto.

Te vas a perder
VERDADERO

En todo caso, al principio. Necesitarás una semanita para situarte en el laberinto de pasillos y edificios. Normal, es mucho más grande que tu antiguo colegio. A lo mejor tienes la suerte de estar sólo en un aula, pero para algunas clases (laboratorio, música…) tendrás que cambiar.

Los profes son más severos
FALSO

Cualquiera que sea su curso, un profesor sigue siendo un profesor. El único gran cambio es que ese año no vas a tener sólo uno, sino varios

profesores distintos, cada uno con su forma de dar clase. Es verdad que es un poco complicado a veces. Pero si alguno de ellos no te cae demasiado bien, ¡no tienes que soportarlo todo el día!

Los mayores se meterán contigo   FALSO

¡Tienen mejores cosas que hacer! En algunos centros, a veces incluso están encargados de ayudarte a dar tus primeros pasos. Puede que haya algún que otro idiota que te llame «enana»

> « Sigue a los repetidores o ve con alguien más, ¡así no te perderás!
> Carolina, 12 años

> ¿Te preocupa no coincidir con tus amigas? ¡Todos los alumnos de la ESO se hacen la misma pregunta! Seguro que a alguna de ellas le toca en tu clase…
> Estela, 11 años

> Como tengo hermanos mayores, les hice un montón de preguntas, así que el primer día todo salió bien.
> Lola, 12 años »

Las clases son más difíciles
FALSO

¡Vas a profundizar en muchos de los temas que ya viste en cursos anteriores! Eso te da margen para adaptarte a tu nuevo entorno y a otra forma de estudiar.

> No dudes en preguntar a los conserjes si te pierdes por los pasillos. O a tus compañeros, no olvides que ellos pasaron por lo mismo.
>
> *Susana, 12 años y medio*

> En algunos centros, los alumnos de 1º empiezan un día después para que no se agobien demasiado.
>
> *Clara, 12 años*

o que intente fastidiarte. Ignórales y te dejarán en paz. En cambio, si se pasan, no dudes en hablarlo con un adulto.

Tienes un montón de deberes
VERDADERO

Vas a tener que entregar una mayor cantidad de trabajos, pero escalonados a lo largo de toda la semana. Tendrás que organizarte para no verte desbordada. Tranquila, durante las tutorías puedes pedir que te aconsejen cómo planificar tu trabajo. Y no te extrañe que los profes no te digan que estudies. Se supone que ya eres lo bastante mayor como para que no te tengan que recordar que los tienes que aprender.

> Pide a alguno de tus hermanos mayores que te haga un plano o que te dé algún truco para no perderte.
>
> *Leila, 12 años*

> Antes de pasar al Instituto me dieron una charla en el colegio ¡Me ayudó un montón! Y cuando fui a matricularme, aproveché con mis amigas para echar un vistazo.
>
> *Elsa, 12 años y medio*

¡Bienvenida al «Insti»!

¿Qué vas a descubrir en este nuevo mundo?
¡Hojea el álbum de fotos!

El director

¡Que viene el jefe! Su función es dirigir el centro. También se encarga de desarrollar el programa educativo. No le verás a menudo, salvo que tengas problemas serios. Un equipo formado por los profesores tutores le ayuda en sus tareas.

El jefe de estudios

Si llegas tarde o faltas a clase, tendrás que pasar por él obligatoriamente. ¿Su función? Garantizar la seguridad y la disciplina de los alumnos, ¡pero también escucharles! No dudes en pedirle consejo cuando te sientas perdida o tengas algún problema que afecte a tu vida escolar.

El profesor tutor

A él o ella lo situarás enseguida: es quien te recibirá en tu primer día de clase. Luego, claro está, lo verás cuando te toque su asignatura y también en la hora de tutoría. Suele hablar muy a menudo sobre los alumnos con los demás profesores, y los conoce muy bien.

El orientador

¿No sabes a qué te gustaría dedicarte más adelante? Pide una cita con el o la orientadora. Sus servicios están sobre todo destinados a los alumnos más mayores, pero no hay edad para informarse. Además, por su formación en psicología, tiene muy en cuenta los gustos, los intereses y la personalidad de los alumnos cuando les asesora.

132

La encargada de la biblioteca

No dudes en pasarte por la biblioteca de tu centro. Allí podrás encontrar un montón de información que te resultará superútil para documentar tus exposiciones y trabajos, pero también novelas y cómics que te ayudarán a distraerte.

La enfermera

¿Una pequeña herida, un gran disgusto, un tema de salud? Pásate por la enfermería. Te dirán qué puedes hacer. Ojo, no en todos los institutos hay enfermería.

Y también los conserjes, las limpiadoras y el personal que trabaja en la cafetería o en los despachos.

Más sobre el Instituto

La hora de tutoría: en el horario escolar se reserva una hora a la semana para que puedas hablar con tu tutor sobre temas relacionados con tu vida académica.

La temida expulsión: el aviso a tus padres por parte del jefe de estudios o del tutor si faltas a clase o te saltas alguna norma del centro, puede convertirse en un castigo peor si cometes una falta grave: vetar tu asistencia al centro durante un determinado número de días.

Boletín de notas: es el nexo informativo entre los profes y tus padres sobre tu rendimiento escolar. Además de las notas y comentarios de los profes, se reflejan las faltas de asistencia en cada asignatura, que pueden afectar a tus calificaciones.

El despacho del jefe de estudios: pasarás obligatoriamente por allí si sueles llegar tarde, faltas injustificadamente a clase o te saltas alguna norma del centro.

¡Horror, voy a repetir!

Es normal que estés decepcionada. Es posible que también te sientas un poco avergonzada y culpable. ¡Basta! Deja de darle vueltas a estos pensamientos negativos. Repetir no significa que seas más torpe que los demás. Simplemente, este año las cosas han ido quizá demasiado rápido para ti y te ha costado seguir el ritmo. O quizá es que no estabas del todo preparada mentalmente. Te pasabas el día pensando en las musarañas y te costaba ponerte a estudiar.

Un año extra te va a permitir andar menos agobiada, aprender por fin a tu ritmo, sacar mejores notas; en pocas palabras: volver a empezar con una base más sólida.

Si hubieras pasado de curso, tus dificultades habrían sido mayores y todo se te habría hecho cada vez más cuesta arriba.

A veces, es mejor hacer una pausa que estrellarse. Aproximadamente un 30% de los alumnos repite durante su escolaridad. ¡Y eso no les impide salir adelante si se esfuerzan!

La opinión del experto

Repetir no es un castigo, ¡es una segunda oportunidad! Esta decisión no se ha tomado a la ligera. Los profesores han pensado mucho en qué es lo mejor para ti. Para que repetir sea provechoso, insiste en que te expliquen bien lo que ha fallado ese año.

Chantal Habert, profesora de enseñanza primaria

❝ Yo repetí y el primer día de curso no paraba de llorar porque todos mis compañeros me parecían «pequeños». ¡Pero hice nuevos amigos y sigo viendo a los de siempre! Además, me di cuenta de las cosas que hacía mal. Ahora he mejorado mis técnicas de estudio y me va fenomenal.

Yolanda, 12 años ❞

134

Los orales, ¡qué estrés!

¡El estrés puede ser positivo! Es una reacción natural del organismo. Ante una situación que produce angustia (hablar delante de toda la clase, un examen o... un coche que se salta el semáforo), el cerebro libera adrenalina en el organismo. Esta sustancia química te va a proporcionar la energía necesaria para enfrentarte a las dificultades. La visión mejora, el ritmo cardiaco se acelera, los órganos rinden al máximo. Es algo así como tu señal de alarma. En cuanto se siente en peligro, el cuerpo se moviliza para responder ante situaciones adversas. ¿Eso es algo positivo, no?

Pero si el estrés perdura, la cosa se pone fea. Te quedas paralizada. Por eso tienes que aprender a controlarlo. La mejor arma antiestrés es la respiración. Cuando sientas que te invade, inspira profundamente. ¡Uf, mucho mejor!

66 Con los profes que más me impresionan, me imagino que son amigos de la familia bastante serios pero que en el fondo me aprecian.

María, 12 años 99

66 Imagínate que estás sola en tu habitación ensayando una obra de teatro.

Sonia, 12 años 99

66 Intenta no mirar a los demás alumnos, sino a un punto fijo en dirección al profe.

Carlota, 10 años 99

¿Lo sabías?

No todos somos iguales ante el estrés. Ante situaciones que ponen en alerta a algunas personas, tú a lo mejor ni te inmutas.

¿Quién es el delegado de clase?

Es un alumno elegido por su clase al comienzo del curso. Cualquier compañero puede ser candidato. Toda la clase emite un voto secreto, como cuando tus padres votan en las elecciones. Se nombran dos alumnos: un titular y un suplente, que lo sustituye cuando el delegado está ausente.

> 66 Para ser delegada, hay que saber hablar a los profes sin malos modos, ser seria, atenta y no perder los nervios en las discusiones. Si quieres salir elegida, explica tus motivaciones y demuestra que pueden contarte cosas sin que las proclames a los cuatro vientos.
>
> Marga, 12 años y medio 99

> 66 ¡Ser delegada es genial! Se asiste a las reuniones escolares: los profes comentan montones de cosas que nunca dirían en clase. Yo me presenté porque me gusta defender a los demás y tener responsabilidades.
>
> Clara, 12 años 99

¿Cuál es su función?

Representa a los alumnos ante los adultos. Puede defenderte y hacer de intermediario entre tú y un profesor si hay problemas de los que no te atreves a hablar. Se informa sobre lo que opinas acerca del ambiente de las clases, tus dificultades, si quieres mejorar algunas cosas (el comedor, la cantidad de deberes…) y lo comenta con los adultos del colegio. También intenta fomentar las relaciones entre alumnos. A veces participa como portavoz de la clase en reuniones importantes, en las que se evalúan los resultados y el comportamiento de cada alumno, e incluso puede intervenir como los demás asistentes (profes, director…) en la toma de algunas decisiones. Luego hará un resumen a los compañeros sobre los temas tratados.

136

El manual del delegado

4 trucos para salir elegido

● No prometas cosas imposibles.
● Prepara tu discurso: ¡explica por qué quieres salir elegida, sin mentir!
● Sé abierta: sondea a los alumnos para saber cuáles son sus deseos. ¡Escúchales con atención!
● Respeta a los demás candidatos: no difundas rumores y no rebajes a tus competidores. Eso no sólo no es jugar limpio sino que además te arriesgas a perder la confianza de los demás.

Un buen delegado

● Escucha y respeta a los demás.
● Sabe ser discreto.
● No se las da de «jefecillo».
● No se encarga de todas las tareas (borrar la pizarra, acompañar a los alumnos a la enfermería…).
● Defiende la opinión de todos y no sólo la suya personal.

Algunos derechos añadidos

Los delegados tienen los mismos derechos y deberes que los demás alumnos, pero tienen algunos derechos añadidos. Estos son los principales:
● Derecho a asistir a las reuniones: el delegado asistirá a reuniones escolares para actuar como representante entre los alumnos y el profesorado.
● Derecho a convocar reuniones de todos los alumnos de la clase para debatir temas que os preocupen en relación con la vida escolar.

¿Cuál es tu método de trabajo?

Tus esfuerzos no se reflejan en los resultados.

¿Qué es lo que falla?

¡Haz el test!

1. Describe el lugar donde estudias:

● No tienes ninguno en particular. A veces haces los deberes en la cocina, delante de la tele, sobre la cama…

▲ ¡Eh!… Parece que no te ha dado tiempo a recoger el desorden…

■ Agenda en la pared, lápices en el cubilete, libros al alcance de la mano, ¡estás lista para ponerte manos a la obra!

2. Es hora de hacer los deberes…

▲ Empiezas un ejercicio de mates. Te hartas, lo dejas. Te pones con un tema de Sociales…

■ Tras consultar tu agenda, haces una lista de «prioridades».

● Remoloneas y ves un episodio de tu serie favorita.

3. Examen de inglés a la vista:

● ¡Para qué ponerte a repasar si de todos modos no entiendes nada!

■ ¡Sin problemas! Ya has repasado la lección varias veces e incluso has hecho los ejercicios.

▲ Te pones a estudiar la víspera para el día siguiente.

4. Tienes que recitar una poesía delante de toda la clase:

● Suspiras y te pones a ello con voz apagada y nada convencida.

▲ Imposible, ¡te has olvidado que había que aprendérsela!

■ Te pones colorada, tartamudeas… ¡Pues sí que empezamos bien!

5. Vaya, ¡menudo cate!

■ No es de extrañar, ¡estabas tan estresada que se te olvidó todo lo que sabías!

● Te lo temías, como eres un desastre.

▲ Normal, no tuviste tiempo de repasar las lecciones.

Un máx. de respuestas ●: la desmotivada

¿Qué sentido tiene esforzarse? ¡Como cateas sistemáticamente! Y además, como la mayoría de las veces no te enteras de nada en clase, ¿para qué intentarlo? Es así de sencillo: hay personas que valen para los estudios y otras que no; en cualquier caso, esa es tu visión de los hechos.

¡Pues vaya! ¿Qué es lo que te hace pensar que eres una negada? ¡Arriba ese ánimo! Seguro que con algo más de confianza en ti misma, saldrás adelante. Corre a descubrir tus puntos fuertes en la página 142. Por último, tienes que ser consciente de que en el colegio no estudias para el profe ni para tus padres, sino para ti misma.

Un máx. de respuestas ▲: la desorganizada

A pesar de toda tu buena voluntad, no lo consigues. ¡Tienes tanto que hacer! Así que te pones con un montón de cosas a la vez… y no acabas ninguna; como estás desbordada…

¿Cómo quieres organizarte si tienes la cabeza hecha un lío! Venga, pon un poco de orden con los 6 trucos para organizarte de la página 140. Tu motivación hará el resto.

Un máx. de respuestas ■: la emotiva

En casa, hacer los deberes no tiene secretos para ti. Te pones a ello con regularidad, en su momento; pero en el cole, si te sacan a la pizarra, te entra el pánico y te olvidas de todo.

Un punto a tu favor: eres seria y concienzuda. Sólo te falta sentirte algo más segura y confiar un poco más en ti misma.

Empieza por controlar tu estrés gracias a los trucos que te proponen las chicas en la página 135. Prueba también con los métodos de estudio descritos en la página 146. Acabarás encontrando el más adecuado para ti.

Test de Séverine Clochard

6 trucos para organizarse

¡El secreto del éxito está en estas páginas!

1. Resérvate un espacio «deberes»

Donde mejor se estudia es donde uno se siente más a gusto. A veces es más fácil concentrarse en un ambiente tranquilo, ¡pero no siempre! Algunos prefieren hacer los deberes en la mesa de la cocina, con el ruido de fondo de los padres preparando la cena. Otros necesitan un poco de música o ver las vistas desde la ventana. Intenta identificar el entorno que te permita la máxima eficacia. No dudes en cambiar de sitio si ves que te cuesta hacer los deberes.

« Desde el año pasado, tengo un planificador de mis actividades. Cada día sé lo que me tengo que llevar. Resulta muy práctico. Así no me olvido los cuadernos, ni los libros.

Eloísa, 12 años »

A veces hay que probar varios lugares antes de encontrar el que nos conviene.

2. Hazte un horario

Con esta herramienta, podrás hacerte idea, de un solo vistazo, de los «huecos» de que dispones para estudiar. Anota tus clases, pero también las actividades

deportivas o extraescolares.
Cuélgalo en la pared y lo tendrás
siempre a la vista.

3. Haz una lista de prioridades

Cuando te
pongas con
los deberes,
procura ir paso a paso. Si empiezas
con algo, sigue hasta el final. Si no,
te dispersas y acabas dejándolo
todo a medias. Decide qué es lo
más urgente. ¿Un examen de mates
para mañana? Empieza por repasar
los apuntes. Cuando lo hayas
hecho, ¡date el gustazo de tacharlo
de la lista!

4. Distribuye el tiempo de los deberes

Pasar demasiado tiempo con una
sola asignatura no sirve de nada. Al
cabo de un rato ya no te entra
más. Trata de evaluar el tiempo
que necesitas para aprenderte un
tema o para hacer un ejercicio.
Localiza cuáles son las jornadas
más cargadas. Eso te ayudará a
organizar el trabajo de la semana.

5. Determina tus horas de mayor eficacia

No todos tenemos los mismos
hábitos de estudio. Es
como el sueño: cada cual
tiene su ritmo. Trata de
identificar los momentos en
que más rindes, ¿Por la
mañana? ¿Por la tarde?
¿Después de hacer deporte? Y
organiza tu trabajo en función de
ello. Reserva lo que te exige mayor
esfuerzo y concentración para esos
momentos.

6. Reúne tu material

El carpintero no puede trabajar sin
sus herramientas, el pintor sin sus
pinceles. En tu caso, es lo mismo.
Ten al alcance de la mano
diccionarios, atlas, apuntes y libros
de texto, bolis, lápices y
rotuladores.

❝ Como soy muy distraída, he
forrado mis libros y cuadernos
en distintos colores, según las
asignaturas. Cuando tengo clase de
Lengua, junto todo lo de color azul
que tengo por la habitación.

Clara, 11 años ❞

Averigua lo que mejor se te da

Descubre tus puntos fuertes y tus puntos débiles.

Aunque saques alguna mala nota, seguro que hay cosas que se te dan bien. No todo se resume en triunfos y fracasos. Aprende a determinar tus fuerzas y tus flaquezas, y sabrás cómo progresar.

Etapa 1: haz balance cada mes

Con ayuda del boletín de notas, haz una lista de las asignaturas en las que vas bien y de aquellas en las que tienes dificultades. Lee con atención los consejos y comentarios que el profe pone al lado de las notas. Así verás dónde tienes que concentrar tus energías. Luego, márcate desafíos. Cuidado, no seas demasiado ambiciosa. ¡No esperes pasar de 4 a 8! De 4 a 6 no está mal para empezar. Por último, reflexiona: ¿cómo podrías mejorar en las asignaturas que tienes atragantadas? ¿Dedicándoles un poco más de tiempo? ¿Intentando estudiar con una amiga? ¿Pidiendo a tus padres que te ayuden?

Etapa 2: analiza tus errores

Cualquiera puede suspender un examen. Eso no significa que seas una negada en los estudios. Un suspenso no resume por sí solo todo tu trabajo. No es a ti a quien juzgan sino tu nivel de conocimientos en un momento determinado. Lo principal es entender por qué, en este caso, las cosas no han ido bien. Así evitarás repetir el mismo error. Equivocarse tiene su parte buena: también ayuda a progresar. ¿Qué es lo que ha pasado? ¿Cómo habías preparado ese examen? ¿Te habías limitado a releer los apuntes? ¿A hacer los ejercicios? Durante el examen, ¿leíste bien el enunciado antes de empezar? ¿Entendiste bien las preguntas y contestaste a todo? ¿Cometiste errores y eso que te lo sabías? ¿Reservaste un poco de tiempo para releer el examen antes de entregarlo? ¿Entendiste los comentarios del profesor? ¿Le pediste que te aclarara lo que no entendías? Buscar la respuesta a estas preguntas te ayudará a progresar.

asignatura, no te bloquees. Intenta abordarla de otra manera. Cuando estudies la civilización egipcia, por ejemplo, puedes leer novela histórica ¡o divertirte enviando mensajes en clave a tus amigas utilizando jeroglíficos! Aunque suspendas un examen, marca en el ejercicio los puntos positivos: ¡siempre los hay! Y cuando te aprendas un tema, visualiza la buena nota en el papel o anticipa las felicitaciones del profe en tu cabeza. ¡Eso ayuda!

Etapa 3: refuerza tu motivación

¿Sacas buenas notas en las asignaturas que te gustan? ¡Normal! Cuando algo nos gusta, estamos más motivados. Si tu profesor no consigue despertar tu interés por su

5 trucos para mejorar en inglés

1. ¡Lee en el idioma original!

¡No tienes por qué obligarte a leer el último *Harry Potter* en inglés! Empieza descifrando libros ilustrados para los más pequeños; puedes tomarlos prestados en la biblioteca. El vocabulario es sencillo, ¡y qué subidón entenderlo todo! Cuando veas que lo dominas, puedes pasar a algo más difícil. También puedes consultar a tu profe para que te recomiende revistas en inglés pensadas para gente de tu edad.

2. Traduce tus canciones favoritas

Así sabrás lo que cantas y, además, aprenderás palabras o nuevas expresiones y mejorarás tu acento.

3. Cartéate con una amiga extranjera

Ella te escribe en español y tu le contestas en inglés. Así, ambas podéis practicar. Infórmate en tu colegio sobre cómo entrar en contacto con «amigos por correspondencia». Puedes preguntar a tu profe de inglés, que también te informará sobre intercambios y campamentos para perfeccionar el idioma.

4. ¡Elige la VO!

¿Eres fan de las series americanas? En los DVD puedes elegir verlas en versión original (VO). Al principio, ayúdate con los subtítulos. Y luego lánzate. La primera vez no entenderás casi nada, pero poco a poco irás captando el sentido. ¡Qué gran victoria! También puedes optar por ver pelis en VO en el cine (siempre están subtituladas).

5. Juega a las «palabras encadenadas» con tus amigas

Elegid al azar una letra del alfabeto y varias categorías (objetos, frutas, oficios): ¡a ver quién encuentra el mayor número de palabras!

¿Qué tipo de memoria tienes?

Hay varias maneras de almacenar información.
Pero las dos principales son la memoria auditiva y la memoria visual.
Si no sabes cuál de las dos funciona mejor en tu caso, ¡rápido, haz el test!

1. Durante un examen, te quedas en blanco.
Intentas acordarte…
- ● De los apuntes que tomaste.
- ▲ De las explicaciones del profe.

2. Tu técnica para aprenderte un tema:
- ▲ Recitárselo a tus padres.
- ● Releerlo subrayando los párrafos importantes.

3. Podrías reconocer a una persona que sólo has visto una vez…
- ● Por un detalle de su cara.
- ▲ Por su voz o su risa

4. Un recuerdo muy nítido de tu infancia:
- ▲ Tu madre cantándote una nana.
- ● Un libro ilustrado que te encantaba hojear.

5. Una canción te acaba sonando cuando…
- ● Has visto el videoclip (y la cara del intérprete).
- ▲ La has oído dos o tres veces en la radio.

6. Para elegir lo que vas a tomar en un restaurante, pides al camarero…
- ▲ Que te enumere los platos.
- ● Que te traiga la carta.

Máx. de ●: lo tuyo es la memoria visual

Tu memoria funciona algo así como una cámara de fotos: lo que ves escrito o dibujado queda de inmediato «impreso» en tu cerebro. Así que cuando tratas de recordar algo, lo que se te aparece es a menudo una imagen.
¡Bien visto, Ojo de Águila!

Máx. de ▲: lo tuyo es la memoria auditiva

¡Tu gran baza son tus oídos! Sin hacer especiales esfuerzos, registras fácilmente las palabras, los sonidos o las melodías. Te resulta más sencillo recordar una explicación oral que un esquema en la pizarra. Dicho de otro modo: recibes los mensajes alto y claro…

Test de Julie Got

16 trucos para aprenderte las lecciones

¿No sabes por dónde empezar?
¡Prueba con los métodos de las chicas!

✿ Me paseo arriba y abajo por la habitación recitando en voz alta.

Noemi, 9 años

✿ Siento a mis peluches en fila y juego a la profesora. *Mati, 8 años*

✿ Para aprenderme una poesía, canto mientras recito. ¡Nunca falla!

Teresa, 8 años

✿ Subrayo las cosas importantes, así veo enseguida lo principal. *Cora, 11 años*

✿ Me hago resúmenes de las clases.

Sandra, 12 años

✿ Intento imaginarme las preguntas que me podría hacer el profe o pido a mi padre que me pregunte.

Julia, 10 años y medio

✿ Cuando puedo, pongo el tema en dibujos, es más diver y funciona.

Julieta, 9 años

✿ Para mejorar en lengua y en ortografía, mi madre elige un texto de un libro y lo reescribe con faltas. Después yo intento encontrarlas.

María, 11 años

✿ En inglés, escribo las palabras nuevas en trozos de papel y las voy pegando por toda la casa: en las paredes de mi habitación, en la puerta de la nevera o en el baño. Y si se trata de objetos, los pego encima.

Fanny, 11 años y medio

⚙ En historia, me grabo como si fuera una periodista de la época que estuviera haciendo un reportaje y luego escucho la cinta.

Estela, 12 años

⚙ Si el tema no es muy largo y hay que aprendérselo de memoria, lo copio dos o tres veces y luego trato de escribirlo sin mirar.

Olivia, 9 años

⚙ Hablo en mi cabeza como si fuera el profe. O bien hago como que se lo explico a mi hermana imaginaria.

Celia, 9 años

⚙ Leo varias veces el tema. Así lo tengo todo más claro. Y luego me lo aprendo párrafo a párrafo.

Lola, 10 años y medio

⚙ Antes de empezar, trato de recordar lo que dijo el profe en clase y lo escribo en una hoja. Así me doy cuenta enseguida de lo que me tengo que aprender.

Elsa, 8 años

⚙ Estudio con una amiga. Cada una intenta explicar a la otra lo que ha entendido. O nos hacemos preguntas. ¡Así nos motivamos la una a la otra! *Patricia, 13 años*

⚙ Trato de localizar las palabras importantes. Eso me permite entender cómo está estructurado el tema y así es más fácil de memorizar. Luego es como tirar del hilo de un ovillo: todo acaba saliendo solo.

Clara, 13 años

La opinión del experto. Antes de ponerte a estudiar, tienes que saber por qué lo haces. Si no, te costará más ponerte a ello. Cuando sepas cuál es tu «objetivo» (una buena nota en un examen...), te resultará más fácil. Luego averigua cuál es tu método: no todos aprendemos con el mismo sistema. ¡Y además puedes ir variando según las asignaturas! Para encontrar el que mejor te convenga, piensa en algún ejercicio que te haya salido bien o en una lección que no te costó aprenderte. ¿Cómo lo conseguiste? ¿Qué tenías en mente? ¡Ahora te toca a ti!

Chantal Habert, profesora de primaria

147

¡El profe me odia!

¿Estás segura? Observa bien su comportamiento: ¿actúa sólo contigo de esa manera? Quizá en estos momentos está irascible… con todo el mundo. ¡Los profes también pueden tener preocupaciones!

Si eres buena alumna, tu profe no tiene por qué tenerte manía. Simplemente, es como tú: hay personas que le caen mejor que otras. Lo importante es que sea justo.

¿Qué opinan tus amigas? ¿También se han dado cuenta de que la tiene tomada contigo? ¿Sí? Entonces hay que hacer algo. Habla con él. O bien pide al delegado de clase que te haga de intermediario. Si las cosas no se arreglan, explícales la situación a tus padres. Pero sobre todo, no descuides tus estudios diciéndote que, total, no sirve para nada; eso le daría a tu profe un motivo más para tenerte en el punto de mira.

En cambio, si te pasas todo el tiempo hablando durante la clase, es normal que esté harto… Intenta modificar un poco tu conducta por el bien… de ambos.

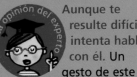

La opinión del experto

Aunque te resulte difícil, intenta hablar con él. Un gesto de este tipo siempre va a conmover a un profesor, aunque no lo demuestre. Elige el momento adecuado, al acabar la clase o durante el recreo. No le acuses; dile más bien algo así como «tengo la sensación de que últimamente no doy una».

Michel Barber, profesor de enseñanza primaria

66 A lo mejor no es que lo hagas mal; sólo que con este profe no hay mucha química. Así que no te desanimes.

Carolina, 10 años 99

66 A veces, el profe actúa así para mantener a raya a los alumnos más ruidosos.

Estela, 13 años 99

Soy la preferida del profe

¡Ay! A los demás puede que eso no les siente demasiado bien. Es normal que sientan un poco de envidia. Las preferencias molestan siempre a quienes no son los elegidos.

¡Sí, pero tú no has hecho nada para que sea así! Y no vas a ser desagradable sólo para quedar bien con ellos. Si eres buena alumna y el profe te aprecia, ¡eso no tiene nada de malo!

A lo mejor le recuerdas a él cuando tenía tu edad. O bien es que siente que estás particularmente motivada por sus clases. ¡A los profes también les gusta ser los preferidos!

No hagas caso de los comentarios, es la mejor solución. Y sobre todo, no ahondes en la herida.

Cuidado, si ves que la situación va a más, que sólo se dirige a ti, es posible que tu profe haya perdido un poco los papeles. Intenta hablar con él. Empieza diciéndole que estás muy contenta de que te aprecie, y luego explícale que te resulta incómodo que te ponga todo el rato como ejemplo o que siempre seas tú quien sale a la pizarra o a quien se pregunta. Seguro que será comprensivo.

66 A mí también me ha pasado. Hablé con el profe y todo se arregló.
Amalia, 9 años 99

66 Ve a hablar con él. Como le caes bien, debería entenderte e intentar ser más discreto.
Olga, 11 años 99

66 Como son tan listos, pregúntales a los que se burlan qué es lo que harían en tu lugar.
Cecilia, 10 años 99

¿Cómo reaccionas ante las burlas?

¿Qué actitud adoptas si se ríen de ti? Vamos a verlo.

1. Una chica de tu clase te llama usando un mote ridículo:
▲ Te entran ganas de llorar.
■ Ni te inmutas.
● Le gritas.
◆ Se la devuelves sin perder un minuto.

2. Un chico suelta una carcajada cuando pasas:
◆ Te echas a reír tú también.
● Te das la vuelta, furiosa.
■ Te encoges de hombros.
▲ Aceleras el paso.

3. Un alumno se burla de tu nuevo corte de pelo:
● ¡Le tiras del suyo!
■ Pff, ya se le pasará.
▲ Concluyes que te han dejado fatal en la pelu.
◆ Le gritas: «Pues anda que tú no te has visto».

4. A Lea le encanta soltarte pullas. Así que…
◆ Tú tampoco te quedas corta…
● Te peleas con ella.
▲ Huyes de ella como de la peste.
■ No haces ni caso.

5. Si tus amigas te trataran de gallina…
▲ Te sentirías realmente herida.
◆ Les cantarías «la gallina turuleta…» para fastidiarlas.
■ Te dirías a ti misma que tienen razón.
● Te pondrías furiosa.

Máx. de ●: agresiva
¿Se meten contigo? Saltas a la primera… y tus agresores, encantados, echan más leña al fuego. Deja de entrar al trapo y no te sulfures. Es difícil, ¡pero necesario para que te dejen en paz!

Máx. de ■: blindada
Las burlas te resbalan. ¿Es porque ya has sido el blanco de muchas o es una táctica de defensa? Aunque funcione, párales los pies a los que te tomen el pelo, si son demasiado hirientes.

Máx. de ▲: tocada de lleno
Las malas lenguas te hacen sufrir mucho. En vez de tomarte sus maldades con distancia, piensas que en el fondo tienen razón. ¡Pues no! Reacciona en lugar de encerrarte en ti misma con tu tristeza.

Máx. de ◆: astuta
Los que se burlan de ti están histéricos: lejos de callarte, contraatacas rápido y bien. Tu aguzado sentido de la réplica ridiculiza a tus adversarios a la primera… ¡Bravo!

Test de Julie Got

5 antídotos

¿Hay alumnos que se ríen de ti?
Reacciona: ¡saca tus mejores armas!

El humor

Entra en su juego, ¡eso les hará caer en su propia trampa! Si por ejemplo te llaman «gafotas», puedes contestarles: «Sí, menos mal, así veo mejor a las personas a las que es mejor evitar…». O si te dicen ¡eres tonta!, puedes contestarles: «Claro, no como tú; es tan inteligente burlarse de los demás…».

La indiferencia

Difícil, porque eso no impide que te duela, pero muy eficaz. ¿Qué es lo que están esperando quienes se burlan de ti? Que reacciones, si es posible, poniéndote nerviosa o enfadándote. No les des esa satisfacción. Habrían conseguido lo que se proponen y seguirían metiéndose contigo. No contestes cuando te llamen usando motes idiotas; mantén la calma, que digan lo que quieran. O contéstales: ¿y qué?

La sorpresa

Si se meten contigo, averigua por qué lo hacen. Contéstales: «¿Puede saberse por qué me dices eso?».

El aviso

Nadie es perfecto. Todos tenemos nuestros puntos débiles. Diles a quienes se burlen de ti que quizá sería divertido poneros algún día a hablar de sus defectos en vez de los tuyos.

El ataque

Mira a tu adversario a los ojos y sé tajante en tu contestación. Por ejemplo: «Te vistes fatal», respuesta: «¿Ah, sí? ¡No sabía que fueras John Galliano para saber tanto de moda!». Habla con aplomo aunque en el fondo estés temblando; eso siempre surte efecto. Sobre todo, mantén la corrección. No te rebajes siendo igual de grosera que ellos, ¡tú vales mucho más!

¡Me llaman empollona!

¡Tómatelo como un cumplido! Los que se meten contigo es muy probable que no se hayan dado cuenta de que lo es… ¿Por qué tendrías que avergonzarte de ser buena alumna? No hay nada malo en ser inteligente. La lástima es que los primeros de la clase a menudo están mal vistos. ¿Por qué? Porque dan un poco de envidia. A su lado, uno siempre se ve disminuido. Y además, ponte en el lugar de los demás, si estás todo el rato alardeando de tus conocimientos con aires de superioridad, ¡es normal que les saques de quicio! Intenta ser «discreta».

Además, seguro que piensan: empollona = antigua = aburrida. ¿Y si les demostraras que no eres así en absoluto? Por ejemplo, propón tu ayuda a quienes tengan dificultades con alguna asignatura. A cambio, podrían echarte una mano con los códigos secretos de los *Sims*, o pasarte alguna canción para el móvil…

Si a pesar de todos tus esfuerzos siguen metiéndose contigo, ignórales. Y sobre todo, no empieces a sacar malas notas para ser aceptada. Eso te traería más problemas que ventajas.

> 66 A mí también me llaman empollona, pero desde que saben que me interesan otras muchas cosas además de estudiar, ya no se meten conmigo.
> *Sofía, 11 años* 99

> 66 ¡En realidad lo que esperan es que les ayudes! Entonces haz como yo: invita a tu casa a los que tienen problemas en clase. ¡Una oportunidad así no se deja escapar!
> *Miriam, 10 años* 99

> 66 Les digo «gracias» como si me acabaran de echar un piropo. Eso les deja mudos.
> *Emma, 9 años* 99

Me da miedo la violencia en el cole

Haces bien en tener miedo. La violencia existe, es verdad. Y además adopta varios rostros: acoso, insultos, agresiones… Pero no es tan habitual como muestran a veces los medios informativos. En 2003, un 20% de los alumnos de primaria y del Instituto declaraban sentir un clima de violencia*. No es poca cosa, pero algo menos de lo que imaginabas, ¿no?

Has de saber que puedes actuar contra la violencia. Empieza por ser discreta con tus objetos de valor. Así no provocarás envidias. Y sobre todo, si eres víctima o testigo de acoso, ¡coméntalo enseguida! A tus padres, a algún profesor, en la enfermería, al director… Si fuera necesario, denúncialo a la policía. No serás ni cobarde ni traidora. Estarás actuando activamente por tu bien y por el de los demás. Callarte significa incitar a los agresores a que vuelvan a hacerlo, cuando en realidad lo que tienen es que ser castigados. Han de comprender que todo acto de violencia es grave y está prohibido por la ley.

* fuente: Observatorio Europeo de la Violencia Escolar.

La opinión del experto ¿Has sido víctima de acoso? No te avergüences.

No eres responsable de lo que te pasa. Es el agresor y sólo él quien ha actuado mal. No te dejes intimidar por sus amenazas. Tienes derecho a vivir segura, como todo el mundo. Nadie es quién para imponer su fuerza a los demás.

¿Habrías querido defenderte pero te faltó valor? ¿Has presenciado algo y te sientes culpable por no haber intervenido? Has hecho bien. A veces, es más peligroso hacerse «el héroe», sobre todo si los agresores son muchos.

Pero nunca es demasiado tarde. Puedes actuar ahora denunciándoles, explicándole a un adulto lo que habrías querido hacer.
Sylvie Companyo, psicóloga

9 trucos para frenar la violencia

Sí, puedes hacer algo, ¡aquí tienes la prueba!

Atrévete a hablar

Las palabras también pueden herir. No dudes en contar lo que estás sufriendo si las burlas de los demás te duelen. No dejes que te insulten. Y si se meten con algún alumno, intenta ayudarle.

No vayas sola

En los lugares que consideres peligrosos, muévete en grupo. Cinco amigas en un autobús van más seguras que una sola con cara de miedo.

Recurre a un mediador

Se organiza una pelea en el patio, sientes que vas a estallar. Llama al rescate a un mediador. Puede tratarse de un profesor o de alguien formado para ello. Va a tratar de restablecer el diálogo y ayudar a los «contendientes» a encontrar una solución no violenta para arreglar el problema. Si no hay mediadores en tu cole, recurre a un profesor o al jefe de estudios.

Abre el debate

¿Has oído comentarios racistas en el patio o presenciado alguna pelea? En clase, puedes sacar el tema de la tolerancia, el respeto, la violencia. Este debate podrá quizá ayudar a resolver conflictos, antes de que vayan a más.

Redacta un reglamento

Propón al delegado de clase o directamente a tu profe o tu tutor la redacción de un reglamento interno para la clase. Las sanciones propuestas por los alumnos son a menudo

¡Socorro, super-mediadora!

aceptadas por todos y parecen menos injustas.

Propón charlas con especialistas

Jueces de menores, educadores, policías… pueden desplazarse a los colegios para explicar las leyes y lo que puede pasarles a los agresores, o simplemente sensibilizar a los alumnos en la lucha contra la violencia. ¿Y si intervinieran en tu centro? Coméntalo con tu profe o con tu tutor.

Organiza una jornada de no-violencia en el cole

Durante las tutorías también puedes avanzar esta propuesta. Tu profesor seguro que está encantado con la idea.

Súmate a la campaña del «Lazo Verde»

El propósito de esta campaña, que ya ha sido lanzada en otros países, es frenar la violencia en las aulas. Los participantes firman un manifiesto, llevan un lazo verde, se comprometen a adoptar una actitud de no-violencia y a luchar contra

esta plaga. Esta campaña podría ser complementaria al Día de la Paz que organizan los centros escolares.

Realiza una encuesta

Cuando tengas que exponer en clase, puedes elegir hacer un sondeo entre los alumnos: ¿qué significa para ellos la violencia? ¿Cuándo surgen las peleas? ¿Cuando alguien insulta a otro? ¿Cuando un profe hace un comentario desagradable? ¡Eso ayudará a que todo el mundo se haga preguntas!

¿Por qué somos violentos?

Por múltiples razones. A menudo es porque no hemos conseguido expresar de otro modo nuestras emociones. No nos salen las palabras. O bien nos creemos constantemente amenazados por los demás. Pensamos entonces que la mejor defensa es el ataque. A veces, la violencia también puede producirse por la situación familiar: paro, separaciones, alcohol. La violencia puede estar solapada y sabe adoptar muchas otras formas.

155

El planeta familiar

Es verdad que tú no la has elegido, pero reconócelo,
¡la familia cuenta mucho! ¿Quieres saber cómo vivir
en armonía con tus padres y tus hermanos?
¿Te haces preguntas sobre el divorcio o la paga semanal?
¿Estás harta de portazos y de hermanos que no paran
de darte la lata? ¡Encuentra aquí la solución
a éstas y otras cuestiones!

5 verdades sobre los padres

Todo les preocupa

¡Me temo que así es! Desde que naciste no han dejado de preocuparse de que pudiera pasarte algo. Tendrás que irte acostumbrando. Ahora que lo sabes, intenta tranquilizarles siempre que puedas.

No son perfectos

Como todos los seres humanos, tienen sus defectos. Menos mal, ¿no te parece? Eso demuestra que son normales. Que al igual que tú, ellos también pueden equivocarse, enfadarse, mentir… ¡No son superhéroes!

Les gusta recordar su infancia

Los padres olvidan a menudo que tuvieron tu misma edad, y que también les costó «educar» a sus padres. Pero en el fondo, les gusta mucho acordarse de cuando eran pequeños. Refréscales la memoria. Podría serte muy útil para ayudarles a que te entiendan…

Te tratan como a un bebé

A ellos les cuesta hacerse a la idea de que sus hijos crecen. Así que has de ser tú quien les hagas ver lo mucho que has cambiado.

Les obsesionan tus notas

Quieren lo mejor para ti, de eso no hay duda. Se preocupan por tu futuro y desean darte un máximo de recursos para triunfar en la vida. Piensan que tus estudios pueden ayudarte a conseguir lo que te propongas. Para ellos, los conocimientos que el colegio pueda proporcionarte podrán, por ejemplo, guiarte para elegir una profesión o para saber cómo comportarte con los demás.

158

Padres, manual de instrucciones

Hemos catalogado para ti algunos de los prototipos de padres más frecuentes. Aprende a identificarlos y la vida te resultará más fácil.

La mamá amiga

Cómo reconocerla: es fácil, ¡todas tus amigas quisieran tenerla como madre! Hay mucha complicidad entre vosotras y compartís un montón de «cosas de chicas»: tardes de compras, maquillaje, confidencias… No dudas en contarle tus secretos. Es genial que te lleves bien con tu madre. Sólo que para poder madurar, necesitarás no estar tan pegada a ella. El problema es que eso puede resultarte muy difícil. ¿Cómo alejarte de la persona que te es más próxima sin hacerle daño?

Cómo llevarlo bien: no estás obligada a contarle todo. Puedes guardar para ti sola un «jardín secreto». Cuando no compartas su opinión, díselo con mano izquierda, esto es con habilidad.

El papá mandón

Cómo reconocerlo: con él, siempre es no. Igual que la mamá «sargento», se ha dado perfecta cuenta de que su «niñita del alma» ya no es exactamente la misma. ¡Y eso no le gusta para nada! Quiere saber adónde vas, con quién… Su gran terror: ¡los chicos! No lo olvides: él también ha tenido la misma edad que ellos y sabe lo que se les pasa por la cabeza…

Cómo llevarlo bien: el papá mandón necesita que le tranquilicen. ¿Los chicos?, ¡ya tendrás tiempo! Y no porque tu cuerpo esté transformándose, piensas ya como una adolescente. Y aunque te interesen otros «hombres» además de él, ¡eso no quita para que sigas queriendo igual que siempre a tu «papaíto»! No dudes en contarle tus cosas. Estará encantado de saber que su opinión es importante para ti y podrá aportarte un punto de vista masculino. Lo que no viene mal a veces…

La mamá protectora

Cómo reconocerla:

a la mamá gallina le encaaanta ocuparse de ti. Prepara tus cosas, nunca se olvida de meter la merienda en tu mochila, ordena sistemáticamente tu habitación, etc. Resulta muy cómodo, no tienes que ocuparte de nada, ella siempre va detrás de ti. Pero a veces es pesado, porque en el fondo, la mamá protectora te impide hacer las cosas por ti misma: es superprotectora.

Cómo llevarlo bien:

deberías poco a poco enseñarle a no estar siempre pendiente de ti. El truco es adelantarse. Por ejemplo, no esperes a que te prepare la ropa del día siguiente. Tenla ya lista antes de que se dé cuenta. ¿Qué eso le sienta mal? Tranquilízala: dile que sus atenciones te encantan, pero precísale que te gustaría intentar hacer las cosas tú sola, a ver qué tal, y que sobre todo, ¡eso no quita para que sigas queriéndola como siempre!

El papá erizo

Cómo reconocerlo:

te mira de reojo, ya no se atreve a darte un beso o dirigirte la palabra. ¿Qué pasa, acaso te tiene miedo? Pues casi. Tu padre ya no reconoce a su «hijita querida». Estás cambiando y ya no sabe muy bien cómo relacionarse contigo. Le da miedo meter la pata. También se imagina (y en eso se equivoca) que en estos momentos le necesitas menos que antes.

Cómo llevarlo bien:

proponle hacer alguna actividad juntos, para que se dé cuenta de que aunque estás algo distinta, sigues siendo la misma de siempre.

El papá pulpo

Cómo reconocerlo:

nada le gusta más que jugar contigo, cogerte en brazos, comerte a besos. Todavía no se ha dado cuenta de que te haces mayor y que estos juegos puede que ahora te molesten.

Cómo llevarlo bien:

¡Piensa con la cabeza! No te pongas a jugar a las peleas con tu «papaíto» para luego rechazarle. El pobre se sentiría totalmente desconcertado. Transmítele el mensaje con tacto, inventándote por ejemplo una «alergia momentánea a los achuchones», o bien coméntaselo discretamente a tu madre para que hable con él.

La mamá sargento

Cómo reconocerla:

¡esta madre no pone las cosas fáciles! Con ella, siempre tienes la sensación de que no puedes hacer nada de nada. ¡Ni móvil, ni fiestas, ni maquillaje…! A tus amigas les dejan hacer un montón de cosas que a ti no. ¡Vaya, vaya! A veces no debe de ser muy divertido. Pero al menos sabes a qué atenerte, y tienes claro lo que está permitido y lo que no.

Cómo llevarlo bien:

si reacciona así es seguramente porque se preocupa y quiere protegerte. Intenta ponerte en su lugar. Si no sabe nada de  tu vida, de tus amigas… es normal que se imagine cosas. Habla un poco más con ella. También puedes preguntarle cómo se llevaba ella con su madre… Si no da resultado, puedes recurrir a un aliado –tu padre, tu hermana mayor, una de tus tías…– para que hable con ella.

¿Qué tipo de progenitor serías?

Si estuvieras en el lugar de tus padres, ¿cómo te comportarías?

1. Tu hija saca un 2 en mates:
A En adelante, supervisarás sus deberes.
B ¡Se va a enterar!
C No pasa nada, las mates no se le dan bien.

2. Su habitación es un caos. Le dices:
A «Venga cariño, vamos a recoger juntas»
B «¡Ponte a recoger, vamos!»
C «Como no recojas, te lo tiro todo»

3. Está enamorada de un chico:
A Ni hablar, es muy joven para eso.
B Le pides que te hable de él.
C No te entusiasma, pero es asunto suyo.

4. La sorprendes maquillándose con tus pinturas:
A Te echas a reír.
B Aceptas la máscara de pestañas.
C Le ordenas lavarse la cara sin mediar palabra.

5. Durante la cena, suelta una palabrota:
A Le explicas que eso no se dice.
B La castigas sin postre.
C Haces oídos sordos.

Hasta 3 puntos: superamigas

Según tú, educar no es obligar ni regañar. ¡Todo lo contrario! Los buenos padres no les imponen nada a sus hijos y tienen una complicidad total con ellos. Cuidado: ser *cool* está bien, pero permitirlo todo es arriesgado. Todos necesitamos límites para saber hacia dónde vamos.

De 4 a 7 puntos: severa pero justa

¿El papel de los padres? Poner límites claros a sus hijos, y no dudar en ser severos cuando toca, porque no, no todo está permitido. Dejar que te pasen por encima es, en tu opinión, una manera pésima de educar.

8 o más puntos: intransigente

Para educar bien a los hijos, los padres tienen que mostrarse superestrictos: si ceden, las cosas se les irán de las manos. ¡Cuidado con no confundir autoridad con tiranía! Si no, acabarán saltando chispas a la primera de cambio: ¡rebeldía asegurada!

Test de Julie Got

	1	2	3	4	5
A	1	0	2	0	1
B	2	1	0	1	2
C	0	2	1	2	0

¡Mis padres me tratan como si fuera un bebé!

¡Pues no te queda nada! Ellos siempre van a verte como «su pequeñita». Qué quieres, los padres son así: les cuesta darse cuenta de que sus hijos crecen. Hasta ahora, siempre habían decidido por ti. Y ahora, tú necesitas afirmarte en tu opinión y en tus gustos. Es lo normal, pero ellos aún no están acostumbrados. Tienen miedo de que te equivoques o te excedas.

La solución. Haz que confíen en ti. Demuéstrales que has madurado y adopta actitudes de «mayor». No esperes sistemáticamente a que te tengan que decir que recojas tu habitación… Olvida los caprichos y las rabietas.

Para conseguir lo que te propones, tendrás que negociar: cede un poco y algo obtendrás. Ya es bastante. Por ejemplo, ¿el maquillaje?: ¡sólo para las ocasiones especiales! ¿Ir tú sola en autobús? vale, pero siempre que alguien te recoja en la parada. Intenta argumentar con sensatez cuando tengas que convencer a tus padres de algo…

> ❝ Estás en las puertas de la adolescencia y les preocupas. ¡Tienes suerte! Pero te entiendo. Tienes que mostrarles que ya no te gustan las mismas cosas, que necesitas momentos de libertad, que sabes controlarte. Aunque sigas necesitándoles…
> *Ana, 11 años* ❞

> ❝ Es verdad que es muy pesado. Demuéstrales que sabes ser responsable: cuidando de tu hermana pequeña por la tarde, haciendo algunos recados…
> *Esther, 10 años* ❞

> ❝ Si no te atreves a hablar con ellos, déjales una notita pegada en la nevera. ¡A mí me funcionó!
> *María, 10 años y medio* ❞

7 trucos para convencer a los padres

Para conseguir algo de los padres, hay que saber plantear las cosas. Lee con atención.

Elige el momento

Un padre o una madre siempre se dejarán convencer con más facilidad si están relajados. Evita pues pedirles algo si vuelven de mal humor del trabajo. Olvídate también de pretender que te hagan un favor si te han castigado por algo recientemente. Deja pasar un poco de tiempo…

Pon la suerte de tu parte

Transfórmate en la hija modelo: recoge tu habitación, participa en las tareas de la casa… sin esperar a que te lo pidan. Pero tampoco exageres. ¡Eso levantaría sospechas!

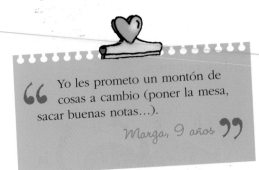

“ Yo les prometo un montón de cosas a cambio (poner la mesa, sacar buenas notas…).
Marga, 9 años ”

Evita las comparaciones

No utilices el argumento de «Pero es que a fulanita sus padres sí…». A los padres no les gusta que les manipulen. Cuidado, podrías conseguir que se cerraran en banda. Sé más sutil.

Prepara tus argumentos

Muéstrales que te lo has pensado bien. Imagina lo que podrías contestar ante sus objeciones: ¿no quieren que vayas a dormir a casa de Lola porque apenas la conoces? Proponles que llamen a su madre. Lo principal es que no se sientan intranquilos. Ya sabes cómo son: siempre se ponen en lo peor. Demuéstrales que un «sí» les reportaría muchas ventajas. Por ejemplo, ¿no quieren darte una paga semanal? Diles que teniendo un poco de dinero aprenderías a valorar más las cosas y también a administrarte, como los mayores.

No lo pidas todo al mismo tiempo

No pretendas quererlo todo. Si de golpe les pides una paga semanal, ir sola al cine y que te compren un perro, ¡vas lista! Actúa de forma inteligente, pidiendo una sola cosa cada vez.

Aprende a saber renunciar

Ante un «no» rotundo, no insistas. No vale la pena hacerte la ofendida, cogerte una rabieta o amenazarles. Sólo conseguirías lo contrario de lo que te propones. Habrás conseguido hartarles y lo único que querrán es que no te salgas con la tuya.

> Intenta ablandarles. ¡Eso te haría tan feliz! A veces funciona.
>
> *Carlota, 13 años*
>
> Yo me pongo a lloriquear y les repito que seguro que a ellos sus padres les habrían dejado. Por intentarlo…
>
> *Cecilia, 13 años*

Respeta los pactos

¿Lo has conseguido? Pues cumple con tu parte del trato. Vuelve a la hora acordada, no les mientas… Demuéstrales que pueden confiar en ti. Y la próxima vez, todo te resultará más fácil…

¿En qué gastas tu dinero?

Averigua qué representa para ti el dinero...

1. Te acaban de dar la paga.
Te compras:
- ■ Tu revista favorita.
- ● Chuches para compartir con las amigas.
- ✳ De momento, nada. La metes en la hucha.

2. En las tiendas, antes de Navidad:
- ✳ Comparas los precios con tu madre.
- ■ Haces una lista de lo que te comprarías.
- ● Buscas posibles regalos para tu familia.

3. Piensas que...
- ✳ El dinero cuesta mucho ganarlo.
- ● Darse un capricho no tiene precio.
- ■ El dinero no da la felicidad... ¡pero ayuda!

4. En tu tienda favorita, han rebajado la bisutería. Te llevas...
- ● Una pulsera para Lucía: es su cumple.
- ■ Dos para ti: ¡están tan baratas!
- ✳ Ninguna: ya tienes un montón.

5. Si te tocara la lotería:
- ■ Renovarías tu vestuario.
- ✳ Meterías el dinero a plazo fijo.
- ● Te llevarías a tus padres de vacaciones.

Máx de ●: Miss Espléndida

¿Para qué guardar el dinero debajo del colchón? No eres ni egoísta ni interesada con el dinero; prefieres gastarlo en las personas a las que quieres. Descubrir «el regalo que le va a encantar» es tu especialidad. Bravo por tu generosidad... pero cuidado, que no abusen de tu buen corazón.

Máx de ■: Miss Hedonista

¿Te has encaprichado del último CD o de una pulsera? ¡Corres a comprártelos! El dinero te sirve sobre todo para conseguir tus caprichos. Si lo tienes, no te privas de nada. Pero si se te acaba, puedes lamentar tus «locuras». Piensa antes de dilapidar.

Máx de ✳: Miss Ahorradora

El dinero no cae del cielo. Así que, por si acaso, prefieres meterlo en la hucha. Como a veces tienes miedo de que se te acabe, te tranquiliza saber que tus ahorros se multiplican: en caso de necesidad siempre podrás gastar una parte sin por ello quedarte en la ruina. Ser previsor es una virtud, ¡pero date un capricho de vez en cuando!

Test de Julie Got

9 trucos para conseguir tu dinerito

¿Lo sabías?

En nuestro país, la ley prohíbe trabajar a los menores de dieciséis años.

✿ Organiza un mercadillo. Ponte de acuerdo con tus amigas para vender todo aquello que ya no uséis. Así matas dos pájaros de un tiro: te quitas de encima lo que te sobra y te sacas un dinero.

Clara, 11 años

✿ Puedes vender collares de conchas hechos por ti. Es lo que hacemos una prima mía y yo durante el verano. Son muy bonitos.

Estela, 10 años

✿ Llevo mis libros y mis juguetes a tiendas de segunda mano. Los dejo en depósito y me dan un porcentaje cuando los han vendido.

Sara, 13 años

✿ Hago la compra a una señora mayor. Me da su lista y una buena propina.

Miriam, 12 años

✿ Lava el coche de los vecinos o de tus padres, pasa el aspirador.

Clara, 10 años

✿ Propón ocuparte de pequeños recados: echar las cartas, comprar el periódico, sacar la basura, a cambio de unos euritos.

Natalia, 9 años

✿ Si te gustan los animales, puedes pasear a los perros de tus vecinos.

Elena, 8 años

✿ Riega las plantas de los vecinos cuando se vayan de vacaciones, o da de comer a su gato o a su periquito.

Marina, 9 años y medio

✿ A mí se me dan genial los trabajos manuales. Cuando se hace alguna fiesta, me encargo de las invitaciones y los adornos. Una vez me saqué un dinerillo decorando la mesa de cumpleaños para la hermana de una de mis amigas. ¡Su madre me dio 15 euros!

Cristina, 11 años

¡Eso sí que no!

• **Dinero a cambio de buenas notas**
Aprendes para ti misma. No para contentar a tus padres.
• **Hacer de canguro**
Ocuparse de un niño es una gran responsabilidad y no es tan fácil como tú te crees. Todavía no eres lo bastante mayor para eso.
• **Que te paguen por las tareas de la casa**
En una familia, todos contribuyen. ¿Te imaginas que tus padres te hicieran pagar por lavarte y plancharte la ropa, hacerte la comida…?

¡Todos van a por tu dinero!

¿Te dan tus padres unos cuantos euros a la semana?
No te entusiasmes, siempre hay alguien que intentará que los gastes.

Los sospechosos

Fabricantes de ropa, de productos de belleza o de alimentación, productores de discos... todos están al acecho.

Su objetivo

¡Pues que compres sus productos, está claro! Con unos 20 euros al mes de media, les interesas no sabes cuánto. Para que te hagas una idea, cada año los menores de 12 años manejan millones de euros. Pero es que, además, ¡tu opinión les es valiosísima!

Quizá no lo sepas, pero tienes una gran influencia en lo que compran... tus padres. Se llega a decir incluso que tu opinión determinaría la mitad de los gastos de tu familia. Y eso no sólo afecta a los productos dirigidos especialmente a ti, sino también a la informática, los electrodomésticos o el futuro coche. Además, estos empresarios se preparan para el futuro. ¿Sabías que cuando seas adulta seguirás usando más del 50% de los productos que consumes a tu edad? ¿Interesante, no?

A qué te expones

De entrada, a gastar sin freno, pero sobre todo a ser manipulada. Con tanto lavado de cerebro, acabas perdiendo el espíritu crítico: ya no compras guiada por tus propios gustos sino por los que te imponen los demás. Te crees que si prescindes de los zapatos que se han puesto de moda, no vas a ser feliz. Es una pena.

Sus armas

Para conocer tus gustos a la perfección, hacen estudios muy en profundidad. ¡Se rumorea incluso que mandan espías a los patios del colegio! Y más: se las ingenian para que sus productos siempre te gusten. Pagando a tus estrellas favoritas para que lleven su ropa, por ejemplo (bien visto: cuando se es fan de alguien, uno hace lo que sea para parecerse a su ídolo). Otra táctica: «inundar» tus oídos con la canción de su último artista. Lo escuchas por todas partes: en la radio, en la tele… Resultado: aunque al principio no te dijera gran cosa, acabas literalmente «intoxicada».

8 preguntas para no caer en sus redes

Está claro que no se trata de vivir aislada y privarse de todo lo que se lleva. Simplemente, hay que pensar antes de comprar, haciéndose las preguntas adecuadas:

- ¿Por qué tienes ganas de comprarte ese producto?
- ¿Lo querrías si no estuviera de moda?
- ¿Podrías prescindir de ello?
- ¿Qué es lo que te va a aportar tenerlo?
- ¿Ha influido alguien en tu decisión?
- ¿Consideras que vale lo que cuesta?
- ¿Merece que sacrifiques parte de tu dinero?
- ¿No preferirías ahorrar para comprarte algo más importante?

Toda la verdad sobre el campamento

Guía anti-pánico para que alejarte de casa no sea un drama.

Necesito mi peluche... se van a reír de mí
FALSO

¡Ya me extrañaría! La mayoría de los que van de campamento se llevan el suyo, ¡te lo dice el director de un campamento de vacaciones! ¿Por qué privarte de algo que te da seguridad o que puede ayudarte a no extrañar tanto a tus padres? ¡Así que no lo dudes! Métalo en la mochila. Y si ves que te da mucho corte, elige un mini-peluche.

Me voy a aburrir
FALSO

¿Tú crees?
¿Con todas las actividades que te van a proponer? Lo dudo mucho. Aprovecha para descubrir nuevos deportes y aficiones. Imagínate: canoa, senderismo, paseos a caballo, teatro... Y eso por no hablar de las risas durante las comidas, las largas noches de cotilleo hasta las tantas... ¡e incluso las fiestas!

170

Vas a echar de menos a tus padres
VERDADERO

Si acaso, los primeros días. Puede que incluso te pongas un poco triste. ¡Pero se pasa pronto! Y a veces ocurre incluso lo contrario: el tiempo pasa tan rápido que no encuentras un momento para escribirles. ¡Casi, quienes van a echarte de menos son tus padres! ¿Te da miedo alejarte de ellos? ¡Pues sin embargo ya lo has hecho otras veces! Cuando te quedas en casa de los abuelos, por ejemplo. Y además, seguirán siendo los mismos cuando vuelvas. ¡Tú en cambio, seguro que vuelves algo cambiada y más alta! Si a pesar de todo te sientes mal, si sigues teniendo ganas de llorar, díselo a los monitores. Están para ayudarte. Y si es la actitud de alguno de los animadores lo que te hace no estar a gusto, díselo a algún otro adulto o a tus padres.

Me va a costar hacer amigas
FALSO

En el campamento, todos estarán en tu mismo caso. Eso facilita los contactos. Y si eres un poco tímida, no te preocupes: los monitores van a echarte una mano. Con tantos juegos y actividades, no te van a faltar ocasiones de encontrar amigas.

No voy a conseguir adaptarme
FALSO

Seguramente vas a necesitar unos días para acostumbrarte a las nuevas normas. ¿Te dices a ti misma que nunca vas a conseguirlo? Sin embargo, en casa hay un montón de cosas que sabes hacer por tu cuenta. Y si tus padres han decidido mandarte de campamento, es porque saben que puedes arreglártelas perfectamente, ¡ya lo creo!

Los trucos que tus amigas llevan en la mochila

✿ Llévate tu peluche. La primera vez no lo llevé por miedo a hacer el ridículo. ¡Pero todo el mundo llevaba el suyo!

Mónica, 12 años

✿ Si te da miedo, intenta que vaya también alguna amiga tuya.

Elena, 11 años

✿ Por lo de hacer amigas, no te preocupes. A todos nos da miedo al principio, así que una vez allí te será fácil conectar con otros niños.

Marina, 9 años

✿ Elige bien el campamento en función de tus gustos, y llévate una cámara de fotos: ¡ya verás la cantidad de recuerdos que te traes!

Iliana, 12 años

✿ Que no te dé corte hablar con los monitores. Suelen ser muy jóvenes y supersimpáticos.

Carolina, 10 años

✿ Cuando vas de campamento, te sientes independiente porque se hacen un montón de actividades divertidas sin los padres.

Paula, 10 años

✿ Lleva sobres con el sello puesto y con la dirección ya escrita, y dinero suelto para llamar desde una cabina si no te dejan llevar un móvil.

Lucía, 9 años

La opinión del experto

Lo que temes es enfrentarte a lo desconocido. Es normal, siempre da un poco de miedo lo que no se conoce. Sin embargo, ir de campamento es una experiencia muy enriquecedora, que te ayuda a madurar. Te darás cuenta de que consigues arreglártelas bastante bien sin tus padres, y que, aunque no estén, también puedes pasarlo bien. Aunque al principio te cueste un poco.

En el campamento vas a sentir nuevas emociones. ¡Compartir tantas cosas a lo largo del día con otras personas crea lazos muy fuertes! Y además, luego están todos esos pequeños secretos, esos momentos que querrás guardar sólo para ti.

Sylvie Companyo, psicóloga

¿Ya eres mayor?

Sólo un poco, pues sí, para nada... ¿Eres responsable cuando toca?

Marca Sí o NO

		Sí	NO
1.	Cuando has acabado de comer, ¿quitas la mesa sin que te lo pidan?		
2.	Como tienes un perro, te encargas de sacarlo a pasear.		
3.	Tus padres quieren ir al cine... vale, cuidas de tu hermanito.		
4.	Si se ha acabado el pan, corres a la panadería.		
5.	Cuando te vas de vacaciones, haces tú sola la maleta (o ayudas).		
6.	Evitas quedarte pegada al televisor cuando aún no has hecho los deberes.		
7.	Volver sola del cole, ¡sin problemas!		
8.	Aceptas un «no» por respuesta sin enfadarte.		
9.	Tus padres siempre saben dónde estás, con quién y a qué hora vas a volver.		
10.	Casi nunca pierdes tus cosas.		
11.	Te cepillas los dientes todas las noches, sobre todo si comes chuches.		

De 0 a 3 SÍES: aún te falta...

¡Que papá y mamá te mimen es genial! No tienes prisa por crecer, prefieres apoyarte en tus padres para todo y no tomar demasiadas iniciativas en casa. ¿Tienes miedo a meter la pata? Tranquila, es difícil aprender si uno nunca se equivoca...

De 4 a 7 SÍES: en ruta hacia la independencia

En el día a día intentas ser responsable y arreglártelas sola. Pero si necesitas que te echen una mano, no dudas en pedir a tus padres que te ayuden. Porque sigues necesitando su presencia y su apoyo... ¡faltaría más!

De 8 a 11 SÍES:: ¡lo conseguiste!

Madura y autónoma, no dudas en asumir responsabilidades. Tus padres no tienen que estar recordándote lo que tienes que hacer. Consciente de que se preocupan por ti, intentas que se sientan tranquilos. Pero ten cuidado con creerte demasiado adulta. ¡También tienes derecho a divertirte!

Test de Julie Got

¡Mi cuerpo no se toca!

Tu cuerpo sólo te pertenece a ti. Aprende en cinco lecciones a que sea respetado.

Lección nº 1: eres tú la que decide quién puede verlo o tocarlo

Así que si cierras la puerta del cuarto de baño o dejan de gustarte los abrazos a todas horas, ¡habrá que irse acostumbrando! Tendrán que aceptar que no hay nada raro en tu actitud. Simplemente estás pidiendo que respeten tu intimidad. ¡Todo el mundo necesita intimidad, los adultos también! A medida que te haces mayor, vas siendo más consciente de tu cuerpo. Y, además, sabes que está cambiando y te has vuelto pudorosa.

De momento, prefieres que no lo vean. ¡Ya bastante tienes con acostumbrarte a esa nueva imagen, como para que encima hagan comentarios!

Lección nº 2: con los chicos, marca tus límites

Vale, antes te encantaba jugar con ellos a lo bruto, o incluso jugar «a los médicos». ¡Pero ya no es lo mismo! Intenta hacerles entender que algunos de sus gestos ya no te gustan. ¿Cómo? Simplemente, diciéndoles que no. Es verdad que los chicos sienten curiosidad o atracción por la transformación de tu cuerpo. Pero eso no les da derecho a levantarte la falda o a intentar tocarte el pecho, para «ver cómo es» o para divertirse.

¿Crees que a ellos les gustaría que les bajaras el pantalón o que intentaras toquetearles?

Lección nº 4: aprende a detectar los gestos sospechosos de los demás

No hay nada malo en un mimo o un beso, si eso te agrada y te parece bien. Pero si un adulto te obliga a quitarte la ropa, o intenta tocar una parte íntima de tu cuerpo o te pide que le acaricies, ¡eso sí que no!

Lección nº 5: sé prudente

No te vayas nunca con un desconocido o una persona a la que no conoces demasiado. Diles siempre a tus padres dónde estás y adónde vas. Antes de hacer cualquier cosa, pregúntate siempre si tus padres estarían de acuerdo. Nunca vayas a un sitio donde no haya nadie

que pueda ayudarte si lo necesitas. No guardes jamás un secreto que te hace sentir mal.

Lección nº 3: escucha lo que sientes

Confía en ti. Si el gesto de un adulto o de algún chico, quienquiera que sea, aunque sea amable y aunque os conozcáis bien, te incomoda o te da miedo, córtale en seco. Nadie tiene derecho a tocarte o a obligarte a hacer cosas que tú no quieres.

He sido víctima de maltrato

¿Te han pegado violentamente o te han obligado a hacer cosas sexuales? Eso es muy grave. Nadie tiene derecho a tratar así a un niño, y menos aún un adulto. Está prohibido por la ley.
No debes sentirte responsable en absoluto. Tú no tienes la culpa. Tu agresor es el único a quien hay que pedir explicaciones. Es una persona mentalmente enferma que necesita tratamiento.

No debes callarte lo que te ha pasado. Eso sería una carga demasiado pesada. Y no vas a conseguir superarlo tú sola. Necesitarás que te ayuden. La única manera es contarlo. Tienes que dirigirte a una persona con la que tengas confianza: la enfermera del cole, un profesor, una de tus tías, la madre de una amiga, etc. Hay muchos adultos que pueden ayudarte.

¿Tienes miedo de que no te crean? No suele pasar. Pero si sucede, dirígete a otra persona, hasta que haya alguien que te escuche.

La opinión del experto

Aunque quieras a la persona que te ha hecho daño, tienes que contarlo. A lo mejor no te atreves porque temes las consecuencias que eso pueda tener para tu familia. ¡Tu reacción es muy comprensible!
Pero lo que te está pasando es anormal. Tienes que parar esa situación. ¡Hay cosas prohibidas que no deben hacerse! Si lo cuentas, te ayudarán a encontrar soluciones para ti y los que te rodean.
Catherine Schor, psicóloga clínica

Números SOS

Al otro lado de la línea hay personas dispuestas a ayudarte y escucharte.
El Teléfono del Menor es totalmente confidencial.
Es un servicio que está las 24 horas, todos los días del año.
La llamada es gratuita y anónima.
Teléfono del Menor
900 20 20 10 (Fundación ANAR)
Víctimas de malos tratos: 016

Mis padres no paran de pelearse, me da miedo que se divorcien

No te preocupes. El hecho de que discutan no significa que vayan a separarse. ¡Discrepar en algunas cosas no es sinónimo de llevarse mal! A veces tú también te enfadas con tu mejor amiga. ¡Y no por eso dejas de quererla! Y además, hay momentos en que uno está un poco más cansado o de mal humor, y por ello es fácil que haya roces.

Si tus padres ya no saben hablar sin gritarse, eso ya es otra cuestión. A lo mejor están pasando por un momento difícil. Dales tiempo para resolverlo. Entre tanto, sí puedes decirles que te da mucha pena que no paren de pelearse delante de ti. Y que es mejor que arreglen sus problemas entre ellos.

Los enfados y las peleas no son sólo algo negativo. También permiten poner las cosas en claro, hablar de los problemas, de lo que no va bien. Cuando las personas aclaran las cosas, las relaciones se reanudan con una base más sólida. Pero si las desavenencias de tus padres acaban siendo difíciles de soportar, coméntalo con alguien: el psicólogo del cole, un familiar… No debes afrontar tú sola todos esos conflictos. Si lo hablas, te sentirás más aliviada y podrás encontrar una solución.
Marie Simon, mediadora familiar

> Sobre todo, no intervengas, eso empeoraría las cosas. Pero tranquila, ¡todas las parejas se pelean!
> *Julia, 11 años*

> Explícales lo que te pone triste.
> *Bárbara, 11 años*

¡Enfadarse le pasa a todo el mundo! A veces las peleas ayudan a resolver lo que va mal en las relaciones.
Cintia, 13 años

177

Divorcio: ¿y ahora qué?

Acabas de enterarte: tus padres se separan. Empiezas a hacerte miles de preguntas. Algunas de las respuestas las encontrarás aquí.

No es culpa tuya

Puede que te sientas responsable de la separación de tus padres. ¡Pues no es así en absoluto! La decisión la han tomado ellos. Tu carácter, tu comportamiento o incluso tus malas notas no han tenido nada que ver en el asunto. Es verdad que se separan, y eso que decían quererse. Pero eso no significa en modo alguno que algún día te dejen de querer a ti. Vuestra relación es diferente: tus padres siguen siendo tus padres, para siempre. ¿Piensas quizá que tú puedes hacer algo para que se reconcilien? Abandona esa idea. No conseguirás que cambien de parecer y te arriesgas a sufrir una decepción.

Es normal estar triste o enfadada

Tú no has elegido esta situación. Por eso, a menudo estás de mal humor y te enfadas más fácilmente con tus amigas o tus compañeros de clase. Y a veces puede que tengas ganas de llorar en todo momento. También es posible que estés furiosa con tus padres, pero como les quieres te arrepientes de estar enfadada con ellos y acabas sintiéndote fatal. A veces incluso te duele la cabeza, o la tripa… Vas a necesitar algo de tiempo para «digerir» lo que te está

178

pasando. Si fuera preciso, habla de todo ello con alguien en quien confíes: tu madrina, tu abuelo…

Tu vida va a cambiar

Dos casas, idas y venidas, dos formas de organizarse… es normal que estés preocupada. Durante algún tiempo, tus referencias van a cambiar. Vas a tener que adoptar nuevas costumbres. Pero ya verás, acabarás adaptándote. Y además, quizá sea mejor vivir en una casa en la que no hay tensiones. Unos padres más disponibles y que vuelven a sonreír tiene sus ventajas ¿no te parece?

No caigas en la trampa
Que no te usen de espía

Ahora que tus padres se han separado, puede que empiecen a hacerte un montón de preguntas sobre la vida del otro. No estás obligada a contestar. A partir de ahora tendrán que aprender a vivir su vida cada uno por su lado.

Tampoco tienes por qué hacer de mensajero. ¡Ese no es tu papel! Son ellos los que tienen que organizarse, o buscar la ayuda que necesiten si no lo consiguen.

Les seguirás viendo a los dos

Aunque no vivas todo el rato con uno o con otro, tienes derecho a verlos a ambos. Y lo mismo pasa con tus abuelos. Cuando lo pasas bien con uno de ellos, no siempre te atreves a contárselo al otro. Tienes la sensación de haberlo traicionado un poco. Pero estás en tu derecho a sentirte bien tanto con tu padre como con tu madre. Cuéntales lo que haces cuando no estás con ellos, si es que te apetece que lo sepan.

No caigas en la trampa

No sustituyas al progenitor ausente

Es lógico que participes un poco más en la vida familiar. Antes, había dos personas para ocuparse de la compra, la lavadora, la comida, etc. Pero no por ello has de convertirte en el confidente de tus padres. Por supuesto que te da pena ver que lo pasan mal. Pero no puedes hacer gran cosa para ayudarles. No son los niños quienes están al cuidado de los adultos.
¡Más bien es al contrario!

Tu padre o tu madre ¡se han enamorado!

Es normal que tus padres conozcan a otras personas. ¿Eso te molesta? Pues toma nota: un padre o una madre que se sienten felices, siempre acaba beneficiando a los hijos. ¿Pero cómo comportarse respecto al «nuevo»? En primer lugar, no te agobies: no va a sustituir a ninguno de tus progenitores. Tampoco va a «robarte» su cariño. Estás en tu derecho a que te caiga fatal, pero has de respetarle. En el fondo, él o ella tampoco te conocen y es probable que estén tan asustados como tú. Necesitareis algo de tiempo para acostumbraros los unos a los otros. Pero ya tenéis algo en común: los dos queréis que todo vaya bien.

La familia crece

¡Ay! La nueva pareja desembarca con sus hijos. Y te ves obligada a compartir tu casa, a tu padre o tu madre, e incluso tu habitación. No parece muy fácil… Intenta aceptar la situación lo mejor posible para ir adaptándote. ¿Cómo? Pues de entrada, no declarándoles la guerra a los «intrusos». ¡No los conoces, así que dales una oportunidad! Tras un periodo de observación, cada cual va a acabar por encontrar su sitio. Y además, ellos también han pasado lo suyo. Tendréis que daros un poco de tiempo. ¿Quién sabe?, a lo mejor te sorprenden para bien cuando os hayáis conocido mejor.

Divorcio: 7 trucos para superarlo

✦ Para no hacerte un lío, marca con colores distintos en dos calendarios los momentos que te toca con tu padre o con tu madre. Cuelga uno en cada casa.

✦ ¿Echas de menos a tu padre o a tu madre cuando estás en casa del otro? Consigue tener presentes a los dos llevándote un álbum de fotos, haciendo un *collage* con recuerdos de los momentos que hayáis pasado juntos. Sigue en contacto con cada uno de ellos, por teléfono, e-mail, correo… Decora tus dos habitaciones como si vivieras en ellas a tiempo completo.

✦ Dos casas, dos formas de vida. Para saber qué normas tienes que respetar en cada sitio, puedes llevar un «cuaderno de a bordo»: «en casa de mamá, quito la mesa; papá me deja ver media hora de tele antes de hacer los deberes…».

✦ Si fuera posible, mantén el contacto con tus abuelos, aunque veas más a unos que a otros. Cuando todo cambia a tu alrededor, su afecto y su estabilidad son puntos de referencia que te darán seguridad.

✦ Evita el chantaje del tipo «en casa de papá me puedo quedar viendo la tele hasta las 10». Con ello sólo conseguirás avivar los conflictos entre tus padres.

✦ ¿Te sientes realmente deprimida? No te guardes las cosas. Diles a tus padres que te vendría bien hablar con un psicólogo o con algún mediador familiar para que te ayude a superar el mal trago. Infórmate en el ayuntamiento de tu ciudad.

✦ Aunque te resulte difícil, intenta ver el lado bueno. Vas a multiplicar por dos las fiestas, las atenciones, las vacaciones, los encuentros… Y además, tu padre y tu madre van a disponer de más tiempo para ti. ¡Quizá puedas conocerles mejor!

El divorcio visto por las amigas

✳ Si no te cae bien la pareja de tu padre o de tu madre, es mejor hablar con ellos que hacerles la vida imposible.

Patricia, 13 años

✳ Mis padres se divorciaron cuando yo tenía 9 años. No lo pasé muy mal porque sabía que no era culpa mía y estaba harta de que estuvieran todo el día peleándose. Y además, sigo viendo a mi padre con mucha frecuencia. Mi madre sale ahora con un novio que tiene dos hijos. A veces me ponen de los nervios, pero como soy hija única, cuando vienen tengo con quien jugar.

Alicia, 10 años

✳ Mis padres están separados. Mi consejo: pide a tu padre o a tu madre que te compren un móvil. Así puedes estar en contacto con uno o con otro sin que ninguno se enfade.

Julia, 10 años

✳ A veces resulta difícil tener dos familias. Yo siempre lo paso mal cuando tengo que ir de una a la otra. Pero acabo acostumbrándome y al final tampoco es para tanto. Pienso que lo más importante es llevarte bien con tu padre y con tu madre.

Gisela, 12 años

✳ ¿La ventaja de tener unos padres divorciados? Más regalos, dos habitaciones, un montón de primos y abuelos. ¡Y cuando me toca ir a casa de mi padre, tengo la sensación de irme de vacaciones!

Ágata, 12 años

✳ ¡Pertenecer a una familia reconstituida no está tan mal! Por supuesto que al principio no lo llevaba nada bien. No podía soportar al hijo de la pareja de mi madre. Sólo nos llevamos un año y estábamos todo el día peleándonos. Pero ahora nos hemos hecho amigos. ¡Incluso soy su confidente!

Luisa, 11 años y medio

✳ Cuando mis padres se divorciaron lo llevé fatal. Pero ahora he conseguido hacerme a la idea. ¡Y ahora tengo dos hermanitos guapísimos!

Marta, 11 años

Me encantaría tener un hermanito

¿Seguro? ¿Sueñas con dejar de ser la preferida de tus padres? ¿Con tener que compartir tus juguetes? ¿Con que un canijo te esté dando la lata a diario? ¿Has pensado bien en las consecuencias? No parece… Ser hija única tiene su lado bueno, no te creas. Sólo hay un hijo del que ocuparse. Tanto tu madre como tu padre están más disponibles, más atentos. Podéis compartir muchas más cosas juntos. Lo que no es poco.

¿Te pesa la soledad? Invita más a menudo a tus amigas a venir a tu casa. Haz pandilla con tus primos. Participa en actividades extraescolares. Podrás conocer a un montón de gente y quizá… encontrar nuevos amigos. Y además, no pases por alto que, en el fondo, esta decisión no es cosa tuya, son tus padres quienes tienen que tomarla. No puedes imponer tu voluntad.

> Una de mis amigas es hija única. Y de hecho nunca se aburre porque siempre está en casa de su vecinita o ésta en la suya. Haz como ella, intenta hacerte amigos en tu barrio.
>
> Montse, 10 años

La opinión del experto

Lo que debe de resultarte difícil en estos momentos es que estás sola frente a tus padres.

Todas sus esperanzas, sus expectativas están puestas en ti. A veces eso resulta un poco pesado. Te dices que si hubiera alguien más, te resultaría quizá más llevadero…

Manifestar ese deseo también es a veces un modo de preguntarles a tus padres: «¿Os basta conmigo?». En tu fuero interno, esperas secretamente que te digan que no necesitan otro hijo porque ya te tienen a ti. Simplemente, deseas asegurarte de que siguen queriéndote.

Sylvie Companyo, psicóloga

> Pide que te compren un perrito.
>
> Clara, 11 años

Entre hermanos

Cuando se tienen, nos desesperan. Y cuando no, soñamos con tenerlos. ¡Bienvenida al planeta «fraterno»!

¡Las peleas! Esta es sin duda una de las características de las relaciones fraternales. Es imposible que en la convivencia entre hermanos todo sea de color de rosa. En el menú diario: celos, envidias, sentimiento de injusticia… Lógico: los amigos se eligen, la familia se tiene.

Nos odiamos «cordialmente»

¡Entre hermanos, quererse no se da por hecho! ¡Uf! Es verdad, tenemos los mismos padres, vivimos en la misma familia, pero cada persona es única. Con su carácter, sus gustos, sus opiniones… Por fuerza saltan chispas a veces… Cada uno lucha por ser «el favorito» de sus padres. Cada uno intenta ser mejor que el otro. Todos se pelean por hacerse escuchar y encontrar su sitio. ¡Dentro de una familia, la competencia es constante!

Sé madura antes

¡Eso es lo genial! La relación con los hermanos ayuda a crecer. Aprendes a compartir, a ser más tolerante. También te das cuenta de que todos somos diferentes. Lo que no viene nada mal. Gracias a tus hermanos, te es más fácil adaptarte a vivir en sociedad. ¡Como ya estás acostumbrada a unas reglas de convivencia! Y además, el contacto con ellos nos hace progresar. Intentamos tener sus mismas cualidades… ¡para superarles!

La unión hace la fuerza

Es increíble la cantidad de buenos recuerdos que vais a compartir. Y además, siendo varios, uno se siente con más fuerza frente a los padres. Y en los momentos duros, sois como una piña. ¿Pero y si hay rachas en que os lleváis a matar? No pasa nada, las relaciones no son inamovibles. Van evolucionando con vosotros. Eso es lo bueno: la relación entre hermanos es una de las relaciones afectivas más duraderas en la vida. Dentro de poco, quizá haya mucha complicidad entre vosotros…

¡Mi hermana pequeña no para de copiarme!

Simplemente quiere ser mayor y, sobre todo, te admira. Eres su modelo. Lo que es bastante halagador, ¿no te parece? ¿Te pone de los nervios? Normal. Piensas que es una pesadez que alguien te siga a todas partes como un perrito faldero. ¡Ni que fuerais dos clones! Qué lata. Y además le llevas un montón de años. ¿Por qué tendríais que hacer las mismas cosas? La situación se te debe de hacer aún más cuesta arriba si tus padres no paran de pedirte que te ocupes de ella. ¡Preferirías que te dejaran respirar!

" La hago rabiar diciéndole que es mi ídolo y pidiéndole que me firme un autógrafo. ¡Así me deja en paz un buen rato!

Estela, 13 años "

" ¡Ponte tú a imitarla! Se dará cuenta de lo mucho que fastidia.

María, 10 años "

Sé un poco indulgente. Tu hermana aún no es capaz de descubrir sus propias cualidades, cosa que tú ya has hecho. Pero no tardará. Entre tanto, puedes orientarla. Muéstrale que ella también tiene su personalidad, distinta de la tuya. ¡Así te dará un respiro! Y cuando tus padres te digan por enésima vez que te ocupes de tu hermana pequeña, refréscales la memoria. ¿Les gustaba a ellos pasarse el día con los canijos pegados a sus talones? Pues eso.

¡Mi hermano es un mandón!

Eso es típico de los hermanos mayores. Siempre se las tienen que dar de «jefecitos». Por desgracia, a menudo esta actitud se explica por el papel que tus padres les han asignado. Son ellos quienes han de cuidar de los pequeños, dar ejemplo… ¡No creas que resulta tan fácil! Pero es verdad que eso no es excusa. ¡Ya tienes suficiente con tus padres como para tener otro más! Es probable que tu hermano se tome su papel demasiado en serio. ¡Pero eso no le da derecho a todo! No tiene que tomarte por una esclava: vete a buscar eso, tráeme esto otro. Tienes toda la razón en rebelarte. No debes consentir que te rebajen. En ese caso, la solución es bien sencilla: aclara esta situación con tus padres. Diles que a tu hermano le quieres mucho, pero que te parece que se pasa un montón.

La opinión del experto

Cuando llegaste a la familia, tu hermano empezó a preocuparse: ¿le querrían menos a partir de ese momento? ¿Ocuparías tú su lugar en el corazón de vuestros padres? La situación no era nada fácil. Y tuvo que encontrarle alguna ventaja. Su solución: ser «el mayor» en contraposición a ti, «la pequeña». Darte órdenes, es su manera de afirmarse.

Sylvie Companyo, psychologue

" Cuando mi madre no está, mi hermana mayor se cree que está al mando y se vuelve autoritaria. ¡Pero no dejo para nada que me mangonee!

Valeria, 13 años "

" Cuando mi hermano se mete conmigo, hago como si no existiera. ¡Aunque es difícil!

Nadia, 12 años "

Mayor o pequeño, ¡dales las gracias!

Cuando ya no puedas más, lee este manual anti-depre.
Te ayudará a tomar cierta distancia y ya verás
que no es para tanto.

Gracias al mayor...

 ### Dispones de una mina de información

El paso al Instituto le queda lejos. La angustia del campamento también. Aprovecha su saber, sobre todo porque le encanta compartirlo. Le hace sentirse importante. Aprovecha también sus conocimientos sobre el amor, la pubertad, la amistad, etc. Además, si es un chico, tendrá otra visión de las cosas, lo que puede resultarte muy muy útil.

 ### Tienes un guardaespaldas

¿Quién te defiende cuando se meten contigo en el colegio? ¿Quién te respalda frente a tus padres? ¡El mayor! No puede evitarlo: le es imposible no cuidar de ti.

 ### Te allana el terreno

Como es el mayor, le tocan todas las negociaciones difíciles con los padres: la paga semanal, las salidas, la hora de llegar a casa… Sin proponérselo, te pone las cosas fáciles dejándote el camino trazado. Cuando llega tu turno, tus padres se agobian menos.

Gracias al pequeño...

❊ Tienes alguien con quien jugar

Los pequeños siempre están encantados de tener un compañero de juegos, sobre todo si es más mayor. ¡Eso les da la sensación de ser mayores también!

❊ Te conviertes en alguien importante

En relación a los más pequeños, dispones de una gran baza: sabes más que ellos. Observarás a menudo que intentan igualarte. Eres su modelo. Están muy atentos a todo lo que dices, reclaman tus consejos. ¡Qué subidón que a una la admiren tanto!

❊ Ya no eres el centro del universo

Lo cual es una gran ventaja. Ya no eres la única que ha de responder a las expectativas de tus padres. Y mientras se ocupan del pequeño, no los tienes detrás. ¡Uf! Unas vacaciones nunca vienen mal.

❊ Maduras más deprisa

Como el pequeño acapara la atención de tus padres, a menudo tienes que arreglártelas tú solita. E incluso en ocasiones te toca cuidar del pequeñajo, y eso te fastidia. Pero como quien no quiere la cosa, gracias a esta «pesadilla» aprendes a ser responsable. Lo que te da recursos que te servirán en tu vida adulta.

Mis padres prefieren a mi hermano

¿Por qué piensas eso? ¿Crees que no se os presta la misma atención? ¿Sientes que te dejan de lado? Es verdad, resulta difícil sentir que no se ocupan tanto de ti. ¿Pero estás segura de que no exageras? A lo mejor sólo te acuerdas de cuando te castigan a ti, y no a tu hermano o a tu hermana…

Puede también que tu hermano esté atravesando un momento difícil. Por eso tus padres quizá piensen que él los necesita más que tú en estos momentos. Intenta hablar con ellos. Resérvate algún rato a solas con tu padre o con tu madre para hacer juntos una actividad que os guste a los dos.

> Mis padres no hacen diferencias entre hermanos. Unas veces se ocupan más de unos, dependiendo de los problemas que tenga cada cual.
>
> Carolina, 13 años

La opinión del experto

¿Piensas que tus padres le quieren más?

¡Estás pero que muy equivocada! Simplemente, os quieren de forma distinta porque vuestra historia es diferente. Tú llegaste a sus vidas en un momento determinado, y tus hermanos en otro. ¡Eso influye! Cada uno tenéis vuestras cualidades, vuestro carácter. Son vuestras diferencias lo que les gusta. También puede ocurrir que uno de los padres tenga la sensación de verse a sí mismo reflejado en su hijo. Por eso siente quizá más afinidades con alguno de tus hermanos en concreto. Pero esto no tiene nada que ver con lo que tú seas. Y no por eso te van a querer menos.

Ahora tú estás cambiando. ¡Puede que dentro de algún tiempo seas tú quien se sienta más unida a uno que a otro de los miembros de tu familia!

Sylvie Companyo, psicóloga

> No creo que mis padres tengan un «favorito». Tienen en cuenta las cualidades de cada uno.
>
> Lidia, 11 años

¡Siempre me la cargo yo! ¡No hay derecho!

Tienes toda la razón: es totalmente injusto ser acusado por error. Defenderse es importante, sobre todo cuando uno está seguro de no haber actuado mal. Pero ahora, piensa.

¿Por qué las sospechas han recaído sobre ti? ¿Han escuchado tu versión de los hechos? Sabes, eso suele ocurrir si nos han «colgado una etiqueta». Puede que alguna vez les hayas mentido. Y ahora, a tus padres les cuesta creerte. Puede también que en las peleas seas tú a la que más se le oye. Y entonces se imaginan que has sido tú quien la ha iniciado. Ya sabes que los gritos les sacan de quicio. Saltan a la primera, sin intentar muchas veces aclarar el asunto. No dudes en explicarte, tranquilamente pero con firmeza. Si te embalas causarás mala impresión. Y no es eso lo que buscas.

La opinión del experto

¡Cuidado! No caigas en la trampa. Si esta situación se repite constantemente, seguro que tienes tu parte de responsabilidad en ello. Por lo menos, cuando te regañan se están ocupando de ti... Pero eso no es muy halagador. ¡Deja de verte como «la que siempre lo hace todo mal»!

Seguro que tienes montones de cualidades. Descúbrelas. Intenta conocer tus defectos y corregirlos. ¿Has mentido? Recupera la confianza de tus padres. ¿Sueles cogerte rabietas? Trata de controlarte... Ya verás que te prestarán atención por razones mucho mejores...

Sylvie Companyo, psicóloga

" Consigue que tus padres confíen más en ti. No es normal que siempre te la cargues tú.

Sara, 10 años "

" Explícales tu problema con ejemplos y con pruebas.

Susana, 13 años "

" Si te acusan, quizá es porque tienen sus motivos... Si haces alguna tontería, sobre todo no digas «¡yo no he sido!», más bien discúlpate. Si no, otros días no te creerán.

Virginia, 13 años "

Hermanos y hermanas: 7 claves para vivir en paz

Cuando se avecina una pelea, aún hay soluciones. Como éstas.

Cúrate en salud

¿No quieres que tu hermana pequeña agarre tus cosas? Pon una caja con algunos juguetes en tu habitación. Estará contenta de tener algo con lo que jugar en tu espacio y no tocará tus cosas.

> Cuando mi hermano me insulta, ni me inmuto. Eso le pone de los nervios, pero se acaba cansando y me deja en paz.
>
> *Celia, 8 años*
>
> Hemos hecho un trato sobre las tareas que hace cada uno. Y mis padres también lo han firmado. Así que nadie puede quejarse.
>
> *Raquel, 12 años*

¿Por qué os peleáis?

Por muchas razones, pero también porque en el fondo... ¡os encanta! Venga, confiesa: chinchar a tus hermanos a veces te divierte. Por lo menos, ese rato no te aburres. Además, sabes muy bien qué hacer o qué decir para que salten. En efecto, dispones de una baza de peso: los conoces perfectamente, mejor incluso que tus padres. Con el paso del tiempo, has averiguado todos sus secretos: mentiras, amistades... ¡no se te escapa nada!!

Encauza tu rabia

Los días que amenazan tormenta, no cedas a la tentación de desahogarte con «el monstruito». Más vale que dibujes su retrato, sacándole muy poco favorecido... ¡Pero que no caiga en sus manos!

¡Exprésate!

¿Sientes que se te va a escapar un insulto? Evita las palabras hirientes. Opta por una batalla literaria: ¡a ver quién inventa el calificativo más ridículo! Por ejemplo: «¡Babuino baboso! ¡Cara de albóndiga!».

Con suerte, la pelea acabará en un ataque de risa.

Escribe los agravios

Pon por escrito lo que les reproches. Así podrás aclararte y desahogarte un poco.

Recurre a un testigo

¿Os es imposible poneros de acuerdo? Pide a un testigo neutro que haga de «mediador». Explicadle por turnos por qué os habéis peleado y qué es lo que os reprocháis. El testigo tomará nota de ello. No se trata de saber quién tiene o no razón, sino de entender por qué habéis llegado a esa situación para intentar encontrar una solución entre todos.

> **66** Cuando siento que voy a estallar, me meto en mi habitación hasta que se me pasa.
>
> *Clara, 11 años*
>
> Decidimos por turnos las pelis que queremos ver. Y si me apetece ver otra cosa, la grabo para luego.
>
> *Olga, 10 años* **99**

Crea unas normas de convivencia

Poneos de acuerdo sobre lo que cada cual tiene que respetar dentro de la familia. Por ejemplo: no se entra en las habitaciones en ausencia de su dueño. No se agarra un juguete sin pedir permiso.

Planifica las tareas

Estableced juntos una agenda con las tareas de la casa. Así quedarán fijadas de una vez por todas y no habrá discusiones. También podéis plantearos retos: ¡A ver quién es el que tarda menos en poner la mesa! Así resulta más divertido.

¡Hay vida después del cole!

¡En la vida no son sólo los resultados escolares lo que cuenta!
¡Tus pasiones, tus sueños, tus aficiones también son importantes!
Si te haces preguntas sobre el mundo que te rodea,
no sigas buscando, ¡las respuestas están aquí!

¿Cuáles son tus pasiones?

Una pasión es como un motor que te empuja hacia adelante.

¿Qué es lo que de verdad te entusiasma?

1. Estar apuntada (o querer estarlo) en...
- 💙 Un taller de cerámica.
- 💙 Un grupo de defensa de los derechos del niño.
- 💙 Un club de hípica.
- 💙 Un curso de iniciación a la informática.
- 💙 La biblioteca de tu barrio.
  (Puedes marcar varias respuestas)

2. Para sentirte bien, lo que sobre todo necesitas es:
- 💙 Obtener respuestas claras a las preguntas que te haces.
- 💙 Desfogarte.
- 💙 Poder expresar tu imaginación.
- 💙 Estar integrada en tu pandilla.
- 💙 Ser útil a los demás.
  (Marca una sola respuesta entre las distintas propuestas)

3. Este año te has prometido...
- 💙 Donar las cosas que no usas a alguna asociación.
- 💙 Redecorar tu habitación.
- 💙 Anotar tus pensamientos en un diario.
- 💙 Mantenerte en forma haciendo ejercicio.
- 💙 Arreglar todos tus juguetes rotos.

4. Te sentirías superorgullosa de ganar:
- 💙 El Concurso Nacional de Inventores Audaces.
- 💙 Una medalla de oro en una competición junior.
- 💙 La medalla (de chocolate) a la mejor amiga.
- 💙 Una beca para financiar un proyecto.
- 💙 El primer premio en un concurso de dibujo.

5. De pequeña, ¿qué travesura habrías sido capaz de hacer?
- 💙 Recortar monigotes en los libros de tus padres.
- 💙 Cogerle el lápiz de labios a tu hermana mayor para maquillarte como ella.
- 💙 Romper la pantalla de la tele para ver qué hay detrás.
- 💙 Usar el colchón de trampolín y romperle todos los muelles.
- 💙 Sisar unas monedas a tu madre para dárselas a un sin techo.

6. En el futuro, te gustaría ser...
- 💙 Médico.
- 💙 Estilista.
- 💙 Coreógrafa.
- 💙 Profe de mates.
- 💙 Escritora.

¿Hay empate entre los distintos signos?
Eso significa que tienes varias pasiones.
Lee entonces los retratos correspondientes:

Máx de ♥: pasión creadora

Pintar, coser o escribir… no podrías vivir sin ello. Imaginativa y sensible, tienes madera de artista y seguro que muy buenas manos… Pero trabajar con tus manos (y tu cabeza) no sólo es una forma de entretenerte: también es la mejor manera de expresar tu originalidad.

Máx de ♥: pasión científica

¿No serás familia de Geo Lodescubre, el genial inventor? De mente curiosa, serías capaz de desmontar tu ordenador sólo para ver cómo funciona. Reina del bricolaje, te lo pasas en grande jugando con tus herramientas. ¡Que los chicos vayan preparándose!

Máx de ♥: pasión deportiva

¡Quedarte tú apalancada en el sillón! Para estar a tope, tu cuerpo te reclama una buena dosis de ejercicio. El deporte te permite superar tus propios límites y, además, hacerte amigas tan dinámicas como tú. ¡Divertirte sin parar quieta es lo más!

Máx de ♥: pasión personal

Familia, amigos, tus cosas… Lo más importante para ti es tu pequeño mundo. ¿Tus mayores placeres? Las horas de cháchara con tus amigas, clasificar tus fotos o escribir en tu diario. ¿Algunos dicen que eres un poco egoísta? ¡Que digan lo que quieran, tú eres feliz así!

Máx de ♥: pasión solidaria

Ensimismarte no es lo tuyo. Cuando te entusiasmas, es siempre por una gran causa. Y entonces tu energía es capaz de mover montañas. Si se necesitan voluntarios para proteger el medio ambiente o ayudar a los demás, ¡levanta la mano sin dudarlo ni un segundo!

Test de Julie Got

¡Despierta a la artista que hay en ti!

Cómo desarrollar la creatividad en 7 lecciones.

Aguza los sentidos

Haz como los creadores de tendencias. Imprégnate del mundo que te rodea. Observa a la gente por la calle, los carteles, respira el olor de tu ciudad tras la lluvia, cierra los ojos y disfruta del sol sobre la piel, prueba sabores distintos…

Sigue tu instinto

¡Arriésgate! Incluso cuando sigues una receta de cocina, estás creando. No dudes entonces en experimentar. Si metes la pata no pasa nada. Los errores ayudan a avanzar. Lo importante no son las cosas logradas, sino hacerlas. Si buscas alcanzar la perfección, frenas tu creatividad.

Anota todas tus ideas

Sí, incluso las que te parezcan una locura. No te impidas soñar: haz una lista con todo lo que se te pase por la cabeza; luego, selecciona las ideas que prefieras e intenta llevarlas a la práctica. Un consejo: lleva siempre contigo un bloc de notas, porque a menudo las ideas surgen en los momentos más inesperados (en el autobús, al acabar una clase, en plena cena familiar…).

¿Cuál es el truco?

El mundo no está dividido en dos. Por un lado, los artistas, y por otro, todos los demás. A cada persona se le da bien alguna cosa. Pero la creatividad hay que entrenarla. Se trata tan sólo de combinar todas esas cosas que hay dentro de ti. A lo largo del día, tu cerebro registra toneladas de información que va a guardarse en distintas casillas. ¡Esas casillas son tus almacenes de ideas! Puedes ir tirando de ellas dependiendo de las circunstancias.

Observa la naturaleza

Es una fuente de inspiración. ¿Sabes, por ejemplo, que no existe una pared blanca? Si le da el sol, se vuelve amarilla; si está en sombra, será más bien azul grisácea. ¡Así que mantén los ojos abiertos! ¿Y qué decir de las nubes, con sus formas cambiantes? ¿Y si las siguieras con la mirada? Eso no sólo relaja sino que, además, prepara tu mente para acoger ideas nuevas.

¿Para qué sirve?

Tener imaginación en la vida es algo muy práctico. No sólo sirve para inventar un mundo a la manera de un artista. También ayuda a salir de situaciones difíciles…

Juega con las palabras

Eso viene fenomenal para desarrollar tu imaginación… y para aprender a expresarte. Te propongo el siguiente juego: escribes en un papel el comienzo de una frase y doblas la hoja de forma que sólo aparezca la última palabra. Se la pasas a tu compañera para que acabe la frase y vuelta a empezar… ¡Al final habréis escrito una historia cuando menos original!

Desarrolla tu curiosidad

Es la materia prima de la imaginación. Sin ella, no hay creatividad posible. Escucha sin prisas lo que pasa en tu interior, estate atenta a los demás y a lo que te rodea. Tratar de expresar lo que sientes, ¡eso ya es crear!

Déjate llevar por tus sensaciones

Pon música y expresa con colores o palabras lo que estás escuchando.

¡No sé qué actividad elegir! ¡Todo me apetece!

Tu reacción es totalmente comprensible. ¿Baile o boxeo? ¿Teatro o capoeira? Con tantas posibilidades a tu alcance, estás hecha un lío. ¡Son todas tan tentadoras! El problema es que no puedes querer hacerlas todas y luego cansarte al cabo de unas semanas. ¿Pero cómo saber si una actividad te gusta de verdad antes de haber probado?

Para ayudarte a decidir, aclárate contestando a estas preguntas por escrito: ¿Qué es lo que te llama la atención de cada actividad? ¿Porque está de moda? ¿Porque tus amigas se han apuntado? ¿Porque te ayudaría a ser menos tímida o a ponerte en forma? Respondiendo a estas preguntas te será más fácil optar por una u otra.

Si tienes miedo a no acertar, apúntate con alguna amiga. Así podéis motivaros la una a la otra.

Julia, 8 años

Intenta luego hablar con alguna amiga que practique la actividad que te interesa. ¿Cómo son las clases? ¿Qué tal es el profe? ¿Qué es lo que más le gusta? O si puedes, asiste primero como espectadora. Así podrás hacerte una idea. A veces, incluso puedes probar de forma gratuita. ¡Aprovecha!

Apúntate sólo un trimestre. Así luego estarás a tiempo de cambiar. Pero aun así, intenta que te enganche.

Carolina, 11 años

Quiero dejar el violín (el yudo, el teatro...)

Pero bueno, ¿y eso? Pero si estabas encantada... ¡Sí, pero ahora te resulta pesadísimo! Aunque un sencillo «es que me he hartado» no es lo que va a convencer a tus padres. Primero, ¿estás segura de que no tiras la toalla demasiado pronto? Cogerle el gusto a una actividad exige tiempo y esfuerzo. No se consigue bailar *El lago de los cisnes* en dos semanas, ni tocar una melodía sin algunas nociones de solfeo. Se necesita práctica y perseverancia. Si te desanimas a la primera, puede que luego te arrepientas.

¿Tu decisión está tomada? Habla entonces con tus padres. Explícales tus razones: el profe ha cambiado, te exigen mucho y eso te agobia... Prepárate a tener que hacer algunas concesiones. Seguro que tus padres te van a pedir que acabes el trimestre o el curso. Si han pagado por adelantado, no les va a parecer bien que lo dejes a medias. Normal, cuando se elige una actividad, hay que comprometerse. Es como si hubieras hecho un trato con tu profe o con tus padres, pero sobre todo contigo misma.

66 Si te has hartado, intenta cambiar de profe o de clase, o ir menos a menudo.

Carola, 10 años 99

66 Explícales a tus padres que si lo dejas tendrás más tiempo para hacer los deberes.

Daniela, 9 años 99

66 Cuando empezó el curso no tenía ni idea de qué quería hacer. Mi madre me convenció de que me apuntara a yudo. Pero no me gustó nada. Se lo dije y este año soy yo la que ha elegido.

Cecilia, 13 años 99

Trucos para que la fiesta sea un éxito

¡Ha empezado la cuenta atrás! Te contamos
cómo organizarte por fases.

D-20: convence a tus padres

Coméntales tus planes una tarde en
que estén relajados o durante el fin
de semana. Habla más bien de una
fiesta de cumpleaños o una
merienda. Intenta también ser
conciliadora: a tu edad no te
esperes que te dejen la casa para ti
sola. Y no les falta razón. Limítate a
pedirles que sean discretos. En
cuanto al horario, si quieres que
sea una fiesta «como de mayores»,
proponles celebrarla de seis a diez.
Si no, ¡por la tarde de cuatro a
ocho tampoco está mal! Elige
hacerla un viernes, por si la gente
tuviera planes de fin de semana.

> " Compra unos barquillos y escribe
> distintos refranes en unos
> papelitos. Enróllalos y mételos en el
> hueco de los barquillos. Cada una de
> tus amigas podrá coger uno y
> guardarse el papel de recuerdo. "
> *Clara, 9 años y medio*

Y sobre todo, garantízales que
recogerás y limpiarás
absolutamente todo, ¡y cumple tu
promesa! Así sabrán que pueden
confiar en ti. Piensa también en no
volver locos a tus vecinos.

J-15: reparte las invitaciones

Sabrás así quién puede ir y quién
no. Si es una fiesta, intenta que
haya un equilibrio chicos/as. Si es
más bien una merienda, no
invites a más de 10. Cuanta
más gente haya, menos
tiempo podrás estar con
cada uno. Si se trata de una
fiesta de pijamas,
5 o 6 es perfecto.

¡No se me ocurre nada!

Hojea libros o revistas para darte ideas. Por ejemplo, puedes hacer una fiesta temática y que todo el mundo vaya disfrazado de estrellas de cine. O bien organizar un karaoke casero, con premios a las mejores canciones o coreografías, o una fiesta para aventureros, con una caza del tesoro en el jardín y códigos secretos. O un juego en el que vosotros seáis los personajes… ¡Pon en marcha tu imaginación!

guirnaldas y llénalo de globos. ¿O por qué no hacer una decoración temática? Una fiesta «disco» por ejemplo, cambiando con ayuda de un adulto las bombillas normales por unas de colores… En cuanto al menú (que tendrás previsto por adelantado), elige cosas fáciles de comer con la mano, como minipizzas, tartaletas, mediasnoches…

J-1: prepara la música

Para evitar tener que estar pegada al equipo de música, graba tus canciones favoritas en varios CD. Elige distintos estilos, y al principio pon música más bien marchosa.

Día D: operación organización

Para no olvidarte de nada, haz una lista y vete tachando. Si la fiesta va a ser en el salón, protege los muebles con sábanas y guarda los objetos frágiles. Luego cuelga

Así la gente puede ir picando sin tener que estar todos sentados alrededor de una mesa. ¡Que empiece la fiesta!

> Cuando hago una fiesta, dejo encima de la mesa varias cámaras de usar y tirar. Así todos pueden hacer fotos y las guardo de recuerdo. *Julia, 12 años*
>
> Para mi cumpleaños organicé con mi madre una lotería con un montón de premios. ¡Mis amigas se lo pasaron genial! *María, 9 años*

¿Qué es lo que más te irrita?

¿Con qué causa te comprometerías? Que hable tu corazón...

Instrucciones: marca las 6 propuestas con las que más te identifiques.

Lo que más te irrita...

⭐ La esclavitud de los niños, a los que se obliga a trabajar en vez de ir al colegio.

⭐ Los que abandonan a su perro cuando se van de vacaciones.

⭐ La contaminación: ¡ya basta de respirar gases tóxicos!

⭐ Las corridas de toros. Te parecen una crueldad.

⭐ Las personas que juzgan a los demás por el color de su piel.

⭐ Los inconscientes que tiran sus residuos en la naturaleza.

⭐ La extinción de algunas especies amenazadas por el hombre.

⭐ El que millones de personas mueran de hambre en el mundo.

⭐ El despilfarro. Hay que reciclar en vez de consumir cada vez más.

⭐ La pobreza: nadie debería vivir en la miseria.

⭐ Los experimentos con animales: utilizar seres vivos para probar productos de belleza es inadmisible.

⭐ La desaparición de la selva amazónica, el «pulmón» de la Tierra.

Máx. de ⭐: ¿Tu lucha?
Las injusticias

Los derechos humanos los tienes muy claros. Asqueada por el racismo, la miseria, la intolerancia, sueñas con que todos los hombres tengan las mismas oportunidades. ¡Contribuye a construir un mundo mejor!

Máx. de ⭐: ¿Tu lucha?
La degradación del medio ambiente

Preocupada por el futuro de nuestro planeta, estás dispuesta a arremangarte para ayudar a protegerlo. Empieza por actuar en tu entorno inmediato, sensibilizando a las personas que te rodean. Sólo es un pequeño paso, pero puede llevarte lejos...

Máx. de ⭐: ¿Tu lucha?
El maltrato a los animales

Vuelen, corran o naden, los animales tienen en ti su mejor defensora. Indignada por lo que tienen que soportar, te encantaría cerrar filas con todos ellos y gritar: «¡Todo ser vivo merece un respeto!».

Test de Julie Got

5 gestos para salvar el planeta

La Tierra está en peligro... cuidado con lo que haces.

Ahorra agua

Opta por ducharte en lugar de darte un baño. Y cierra el grifo mientras te enjabonas o te lavas los dientes. Resultado: ¡ahorras unos 178 litros cada vez!

No uses a la Tierra de papelera

¿Sabes que un simple papel tirado en la naturaleza tarda 3 meses en desaparecer? Así que mentalízate con tirar las cosas a la basura, y transmite el mensaje a tu alrededor.

Da una segunda oportunidad a tus residuos

Recicla los plásticos, el papel y el cristal o reutilízalos en tus trabajos manuales. Si tienes jardín, aprovecha los residuos orgánicos (hierba cortada, ceniza de leña, restos de fruta y hortalizas...): son un excelente abono natural para las plantas.

No despilfarres

Apaga la luz al salir de una habitación y no dejes tu equipo de música o tu ordenador en el modo

stand-by. Consumen electricidad inútilmente. Coloca tu mesa cerca de la ventana para aprovechar al máximo la luz solar. Y escribe por las dos caras del papel. ¡Los árboles te lo agradecerán!

Reduce la contaminación

Utiliza el transporte colectivo y la bici. Y camina. También puedes organizarte con los padres de tus amigas para ir en un solo coche al cole o a las actividades en las que estéis apuntadas.

Pon tus ideas a trabajar

¿Tienes ganas de actuar pero no sabes cómo?
¡Aquí tienes dónde inspirarte!

Muévete por los demás

⭐ Dona los juguetes que no uses en vez de tirarlos. Si están en buen estado pueden hacer feliz a un niño. En Navidad, muchas asociaciones organizan operaciones de recogida de juguetes.

✿ Comenta con tu familia la posibilidad de participar en algún programa de acogida de niños en vacaciones.

✳ Apúntate en la sección «junior» de alguna asociación humanitaria (amigos de la Tierra, ecologistas en acción…) o en los clubs de la Unesco o de Unicef. Te darán un montón de ideas.

⭐ Apadrina un niño: todos los meses se abona una cantidad de dinero a una ONG o una asociación, que la asigna a un niño en particular para su salud, su educación…

Cuidado: apadrinar un niño es un compromiso serio. ¿Por qué no les propones a tus padres apadrinarlo en familia? Periódicamente os darán noticias de vuestro ahijado e incluso podréis ir a visitarlo.

Algunas herramientas para ayudarte

● Infórmate en tu ayuntamiento o en los centros de tu barrio sobre los programas sociales y humanitarios en los que puedes participar.

● Aunque por tu edad aún no puedas ser parte activa en ellos, averigua en qué proyectos de voluntariado te interesaría colaborar en el futuro.

● Cuando cumplas 14 años podrás crear tu propia Asociación Juvenil. Para ello puedes informarte en la Consejería de Educación de tu Comunidad.

● ¡Y hasta entonces, no te olvides de que en tu colegio puedes presentar un montón de propuestas! Coméntalas con tu profe e involucra a tus compañeros. Seguro que habrá alguna que podréis llevar a la práctica entre todos.

Muévete por el medio ambiente

✡ Participa en operaciones de limpieza del medio ambiente. Infórmate en tu ayuntamiento.

✳ Apúntate en algún club de observación y protección de la naturaleza. En concreto, el Fondo Mundial de la Naturaleza tiene una sección para niños.

✪ Hazte socia de alguna asociación dedicada a proteger el medio ambiente o de defensa de los animales.

✡ Y por supuesto, adopta los «gestos» para ayudar a conservar los recursos naturales *(ver pág. 205)*.

Direcciones útiles

Amigos de la Tierra:
www.tierra.org y 91 523 31 86
Página de Unicef en España:
www.enredate.org
Fondo Mundial de la Naturaleza:
www.wwf.es
Cruz Roja Juventud:
www.cruzrojajuventud.org
Ser ecologistas:
www.ecologistasenaccion.org
Protección de animales salvajes:
www.fapas.es
Niños del mundo:
www.federacionninosdelmundo.org
Sociedad Protectora de Animales:
www.spap.net
Si entras y haces *click*, estarás consiguiendo comida para los niños:
www.porloschicos.com

Muévete por la ciudadanía

✳ Lanza tu propio periódico con tus compañeros. En algunos colegios, es ya toda una tradición: los alumnos escriben las noticias y las ilustran con sus dibujos.

✪ Fomenta la creación del «mediador» para frenar la violencia escolar por si surgen peleas o conflictos entre los alumnos.

¿Tienes curiosidad por las cosas?

¿Sientes interés por el mundo que te rodea? ¡Mide tu curiosidad!

A. Es la hora del telediario:
2   Te lo tragas entero.
1   Escuchas sólo las noticias que te interesan.
0   Cambias de canal.

B. La vida de los demás niños del mundo...
0   Te resulta indiferente.
2   Te apasiona.
1   Te intriga.

C. Cuando los adultos hablan de política...
1   Intentas seguir la conversación.
0   Te aburres a morir.
2   Les escuchas con atención y les haces preguntas.

D. Si pudieras elegir, te gustaría cartearte con...
2   Una japonesa, que te hablará de las costumbres de su país.
1   Una inglesa, para mejorar el idioma.
0   Una portuguesa, a la que pudieras ir a visitar.

E. Utilizas Internet sobre todo para...
1   Preparar tus trabajos del cole.
0   Enviar correos a tus amigas.
2   Seguir la actualidad: es una mina de información.

Suma la cifra de las respuestas marcadas.

De 0 a 3 puntos: no demasiado...

El mundo, su historia, la actualidad te son muy ajenos: ¡bastante tienes con el día a día y tus propias preocupaciones! Tu universo se reduce a lo que está entre las cuatro paredes de tu casa, o casi. ¿Y si abrieras las ventanas para ver qué pasa fuera?

De 4 a 7 puntos: todo depende...

No, no puede decirse que el mundo que te rodea no te interese en absoluto. Simplemente, hay temas por los que sientes curiosidad y otros que te dan totalmente igual. En el caso de los primeros, estás dispuesta a indagar para enterarte de más; y de los segundos te olvidas. Es una opción.

De 8 a 10 puntos: ¡muchísimo!

¿Cómo se vive en otros lugares? ¿Qué acontecimientos marcan la actualidad? Preguntas como éstas son las que despiertan tu interés. Con los ojos bien abiertos y siempre a la escucha, estás deseando saberlo todo y descubrir cosas nuevas. ¡Enhorabuena por tu curiosidad bien entendida!

Test de Julie Got

Retrato de la perfecta internauta

Desconfiada

Jamás va a una cita concertada por Internet. No sabemos quién se esconde detrás de un pseudónimo: un fan de la última teleserie de moda, como tú, o…. ¡un viejo barbudo! Una buena internauta elige un pseudónimo que no permita identificarla. ¡ElenaG para Elena González resulta un poco obvio!

Crítica

Es verdad que en la Red circula un montón de información. Pero no toda es fiable. Siempre hay que comparar con otras fuentes (libros, documentales, tele…).

Prudente

Nunca da sus datos personales, como la dirección, el teléfono, el nombre de su colegio, etc. Consulta siempre a sus padres si

Una buena idea

En el sitio www.laredytu.com puedes encontrar algunos de los contenidos mas interesantes y divertidos de la red: «Navega seguro y sé responsable… es por tu tranquilidad».

en algún juego se le pide que rellene un cuestionario detallado para poder ganar una tarde con su cantante favorito. Eso le evitará tener el correo lleno de mensajes publicitarios.

Responsable

Si por casualidad se encuentra con palabras o imágenes chocantes (personas desnudas, racismo…), se lo cuenta enseguida a sus padres. Lo mismo si recibe correos llenos de insultos.

Respetuosa

Si es aficionada a los foros o los chats, vigila su vocabulario: nada de palabrotas ni de comentarios racistas, nada de insultos ni de mentiras sobre los demás.

La tele: no caigas en la trampa

Mirar la pequeña pantalla está muy bien. Siempre y cuando no abuses demasiado…

¿Cuál es el pasatiempo favorito de quienes tienen entre 6 y 14 años? ¡La tele! ¿A qué se debe tanto éxito? No hay que pensarlo mucho: relaja, distrae, te entretiene cuando te aburres, te enseña cosas… El problema es que a grandes dosis, la «pantalla amiga» presenta muchos inconvenientes.

En general, los especialistas recomiendan un máximo de una hora de tele a la semana por año de edad. Por lo tanto, con 10 años, no más de 10 horas a la semana. ¡Ay, en la franja de 4-14 años se consume una media de… 14 horas semanales!

Los peligros

¿A qué te arriesgas? De entrada, a tragarte horas enteras de programas sin darte ni cuenta, ya que la tele tiene un poder hipnótico. Muy astutamente, el parpadeo de la pantalla, imposible de percibir a simple vista, sume al espectador en un estado de semisueño. ¡Ya pueden llamarte para cenar que ni te enteras!

Además, tampoco te extrañe que tu imaginación acabe teniendo algunos fallos. En efecto, no hay comparación posible con la lectura de un libro, porque construyes las imágenes en tu cabeza. Frente a la pantalla, no haces ningún esfuerzo: ¡te lo sirven en bandeja! Y lo que es peor: están influyendo en tu comportamiento… ¡sin que tú lo sepas! Enganchada a las series, adoptas inconscientemente el comportamiento de los protagonistas, su forma de resolver los problemas. Lo que no cuesta demasiado porque los personajes se te parecen mucho. ¡Lástima! Porque eso te impide vivir tus propias experiencias, las que permiten construirse. Además, también tu salud puede verse afectada: trastornos del sueño, irritación, tendencia a picotear entre horas… Y poniéndonos en lo peor, si acaba convirtiéndose en tu único entretenimiento, puede incluso aislarte del mundo.

Eso da que pensar, ¿no?

¡Reacciona!

Conclusión: ¡no tires el aparato a la basura! Piensa más bien: ¿por qué la veo? ¿En qué condiciones? ¿Qué me aporta? ¡Decide cómo utilizar esta herramienta fascinante de manera inteligente!

5 pistas para desconectar

1. ¿Estás enganchada?
Mide tu grado de dependencia. Intenta prescindir de la tele durante una semana. Observa lo que has hecho a cambio, si no has sido capaz de resistir, si te ha resultado o no difícil, etc.

2. Discrimina
Con la programación en mano, selecciona aquello que no quieras perderte. Establece un «horario tele» entre tus demás pasatiempos, fijando un límite de horas a la semana. Si fuera el caso, graba los programas que ponen demasiado tarde o que te vayas a perder por no estar en casa.

3. Aprende a apagarla
¿Se ha terminado el programa que habías decidido ver? Resiste a la tentación del *zapping*. Ya toca pasar a otra cosa.

4. Nada de tele en tu cuarto
Es como si tuvieras una caja de bombones siempre a la vista. ¿Cómo resistirse?

5. Comenta los programas
Podéis mirar la tele en familia e intercambiar puntos de vista (sí, incluso los *realities*). Interésate por lo que está detrás de las cámaras: ¿cómo se hace un programa…?

Diario íntimo: manual de instrucciones

¿Para qué sirve?

¡Pues para escribir tus cosas! Resulta muy difícil, incluso para un adulto, hablarle a alguien con toda franqueza, expresar los sentimientos, las emociones. ¡Así que un diario es el confidente perfecto! A solas con tu diario, el miedo al ridículo o a que no te comprendan se desvanece. Y además, él no va a juzgarte. Mejor aún, aplacará tu rabia cuando toque:

¡desahoga mucho emborronar páginas y páginas! También puede ayudarte a que te aclares. Poner por escrito lo que a uno le preocupa, ayuda a verlo con otros ojos.

¿Qué es lo que se escribe?

¡Pues lo que se quiera! Los pensamientos, los sentimientos, los sueños, lo que se ha hecho durante el día, las alegrías, las penas…, no hay reglas.

Puedes incluso anotar chistes, poemas, pegar recuerdos (fotos, entradas de cine…).

¿Dónde esconderlo?

Entre otros libros, por ejemplo. O dentro de un jersey doblado en el armario, si es verano. O en una toalla de playa o una camiseta, si es invierno. O debajo del colchón.

¿Hay que escribir todos los días?

¡Eso da igual! Hazlo cuando te apetezca. Lo importante es que no sea una obligación. Ya verás: te entrarán ganas de escribir cuando menos te lo esperes.

✿ ¡Llevo un diario desde los 10 años! Escribo todas las noches cuando me meto en la cama: mis alegrías, mis penas, y también añado dibujitos, fotos o pegatinas.

Luisa, 12 años

✿ Es importante tener un diario, porque escribir lo que te preocupa desahoga un montón. La llave la llevo colgada al cuello, ¡así que estoy tranquila!

Vicky, 11 años

✿ Cuando releo páginas de mi diario, me doy cuenta de lo mucho que he cambiado y de cómo he ido evolucionando. ¡Es genial!

Marisa, 12 años y medio

✿ En mi diario escribo secretos que nadie se imagina. Y cuando tengo ganas de decirle algo a alguien pero no puedo, me desahogo con él ¿La llave? Está pegada detrás de un póster.

Susana, 13 años

✿ El diario me sirve para descargar mis emociones. Pero no es lo mismo que tener un amigo: ¡no contesta cuando se le habla!

Lola, 10 años y medio

✿ En mi diario escribo lo que hago cada día, pero también mis secretos, mis planes, mis ideas… A veces los secretos son una carga y necesitamos «hablar» de ellos con alguien que no sea nuestra mejor amiga.

Carola, 13 años

✿ Viene muy bien tener un diario. Escribir las cosas resulta más fácil que decirle a un amigo lo que sientes o lo que piensas.

Estela, 12 años

¿Lo sabías?

En el siglo XVIII, llevar un diario era una costumbre muy difundida. A las jóvenes se les obligaba a escribir cada día el resumen de la jornada para que trabajaran la memoria y la escritura… ¡y, sobre todo, para vigilar sus pensamientos!

✿ Cuando no estés bien, puedes escribirlo en tu diario y te sentirás mejor. Y cuando hayas pasado un día genial, ¡podrás revivirlo cuando releas lo que has escrito!

Teresa, 11 años

213

¡Viva el aburrimiento!

¿Das vueltas sin saber qué hacer? ¡Genial! Aquí tienes 4 razones para no hacer nada.

Te relaja

No te viene mal una pequeña tregua en tu apretada agenda. De vez en cuando hay que dejar que cuerpo y mente descansen. Si no, ¡ojo al estrés!

Hace trabajar la imaginación

Pues no, no estás perdiendo el tiempo cuando no haces nada. ¡Todo lo contrario! Si das rienda suelta a tus pensamientos, lo que estás es muy activa. Porque el aburrimiento fomenta que inventes, que imagines, que sueñes. Surgen entonces ideas nuevas. Pura magia: cuando te aburres, creas.

" Cuando me aburro me pongo de los nervios y no paro de dar vueltas. A veces intento pensar en otra cosa, ¡y se me ocurren un montón de ideas!

Carmen, 9 años

¿Mi remedio contra el aburrimiento? Me tumbo en la cama y pienso en todas las cosas en las que no tengo tiempo de pensar en la vida diaria

Blanca, 10 años y medio "

Te ayuda a conocerte mejor

Estar a solas contigo misma te obliga a pensar. Aunque en el fondo no te apetezca demasiado darle vueltas a tus problemas. Sin embargo, así es cómo uno consigue madurar y construir su personalidad: ¡haciéndose preguntas!

Te permite construir tu «mundo interior»

Ese lugar un poco especial será más adelante tu refugio. Tu universo imaginario al que te retirarás para «cargar pilas» y evadirte del mundo exterior.

" Para luchar contra el aburrimiento, me pregunto qué haría mi mejor amiga en mi lugar, me cuento historias, dibujo, invento cosas, ¡o me duermo!

Elsa, 11 años y medio "

214

¿Cómo te ves dentro de 20 años?

Cuando te imaginas de mayor, ¡seguro que te ves feliz!
¿Pero qué significa para ti «tener éxito en la vida»?

Instrucciones: marca las 6 propuestas que más se correspondan con tus deseos.

Dentro de 20 años…

- ● Pasarás fines de semana tranquilos en casa de tus padres.
- ■ Tus excelentes estudios te garantizarán una brillante carrera.
- ▲ Viajarás a países de fábula.
- ● Tendrás un hijo… o dos o tres.
- ▲ Te imaginas a ti misma más guapa, más divertida, más culta que ahora. ¡No hay duda de que envejecer tiene su parte buena!
- ■ Ejercerás una profesión fascinante, que hará que tengas ganas de levantarte por la mañana.
- ● Puede que dejes de trabajar para ocuparte de los tuyos.
- ▲ Habrás hecho realidad tus sueños más alucinantes.
- ■ Ganarás mucho dinero. ¡Así podrás comprarte todo lo que te apetezca!
- ● Estarás casada con tu príncipe azul.
- ▲ Seguirás viéndote con todas tus amigas… ¡y os iréis de marcha!
- ■ Serás la mejor en tu trabajo.

Máx. de ●: éxito en la vida familiar

No haberte casado a los 30 significa, en tu opinión, haber fallado en algo. ¿Tu ideal? Tener un marido que te quiera, uno o varios hijos a los que educar y estar rodeada de tus seres queridos. Qué más se puede pedir…

Máx. de ■: éxito en lo profesional

Como ser adulto significa trabajar, deseas ejercer una profesión apasionante (¡y a ser posible bien remunerada!). Ambiciosa, estás dispuesta a muchos sacrificios por tu carrera profesional… y, por qué no, a hacerte famosa.

Máx. de ▲: éxito en lo personal

No tienes nada en contra de tener un novio, un trabajo o dinero. ¡Pero esas no son tus prioridades! Lo principal es hacer lo que te importa de verdad y, sobre todo, vivir en armonía contigo misma y con las personas a las que quieres…

Test de Julie Got

¡Tómate tu tiempo para crecer!

¿Sueñas con ser más mayor? Normal.
Pero cuidado, no quemes etapas.

Tienes derecho a despreocuparte

Se acabó la época en que los niños
no tenían derecho a hablar en la
mesa. Hoy te comentan las cosas,
te piden tu opinión… vamos, que
te toman en serio. Y como «ya eres
mayor», como puedes entenderlo
casi todo, tus padres se ponen a
contártelo todo: sus problemas de
dinero, de trabajo, sus
preocupaciones… Y empiezas a
angustiarte tú también. Te gustaría
tanto poder ayudarles… ¡Basta!

¡No por estar mejor informada que
los jóvenes de antes, eres más
madura! Crecer lleva su tiempo. No
estás obligada a estar enterada de
todo. Por supuesto que no se trata
de encerrarte en una burbuja y no
contarte que tu padre se ha
quedado sin trabajo, por ejemplo.
Pero no te toca a ti buscar
soluciones. Son problemas de

adultos. ¡Que te dejen no pensar
en el día de mañana!

La idea acertada: cuando tus
padres están hablando de
problemas muy personales y te
piden tu opinión, estás en tu
derecho de decirles que no quieres
que te comenten esas cosas, que te
hacen sentirte incómoda.

Tienes derecho a no elegir

¿De campamento o con tus
abuelos? ¿Vivir con tu padre o con
tu madre? ¿Estudiar inglés o
alemán? No siempre es fácil
decidirse. Elegir es complicado.
Implica saber renunciar y asumir la

opción escogida. También es arriesgarse a meter la pata. Y a tu edad es difícil asumir que se es responsable de una equivocación. Así que, vale que te pidan tu opinión, ¡pero ni hablar de decidirlo todo tú!

La idea acertada: reconocer abiertamente que tienes miedo a meter la pata y que te parece bien dar tu opinión, pero nada más.

Tienes derecho a jugar

¿Las muñecas? ¡Eso es de niñas pequeñas! Tú prefieres jugar a ser una estrella de la canción delante del espejo, o a maquillarte. Vale, pero cuidado: si estás muy centrada en tu imagen, vas a acabar por olvidar quién eres realmente. Eso sería una pena. No te dejes manipular por las marcas y la publicidad, que se dirigen a ti como si ya fueras una adolescente. Se aprovechan de tus ganas de parecer más mayor y te proponen el kit completo: tacones, minifalda y ombligo al aire. Mientras sea sólo un juego, no hay nada malo en jugar a «ser mayores». Pero si esa ropa acaba siendo para ti la de todos los días, yo que tú desconfiaría. ¡No va a hacer que tengas 3 años más como por arte de magia! En tu cabeza, aún no eres una adolescente. Y no te das cuenta de que te están imponiendo ropa de adulto con un fuerte poder de seducción, que atrae fácilmente las miradas ¿De verdad es eso lo que buscas?

La idea acertada: a tu edad estás en la fase de explorar tu personalidad. Multiplica las actividades, ten curiosidad por las cosas. Y si quieres a toda costa llevar la misma ropa que tus cantantes favoritas, evita ponerte el «disfraz» completo.

¿Hay alguna profesión a tu medida?

¿Qué profesiones le van a tu carácter y tus cualidades?

¡Averígualo con este test!

Instrucciones: rodea de 0 a 3 estrellas por propuesta, sin preocuparte de los símbolos. Cuantas más estrellas rodees, más se corresponderá esa propuesta contigo.

● No hace falta que tus padres vigilen tus deberes. ¡Sabes organizarte tú sola, gracias! ✳ ✳ ✳

▲ Tienes montones de ideas para organizar fiestas en casa. ✳ ✳ ✳

✿ Siempre sales en defensa del más débil. ✳ ✳ ✳

◆ ¿Tu amiga y tú no estáis de acuerdo en algo? Encuentras los argumentos para convencerla. ✳ ✳ ✳

■ Te desfogas en contacto con la naturaleza. ✳ ✳ ✳

✿ No te cansas de apoyar a tus amigas o de hacerles favores. ✳ ✳ ✳

▲ ¿Hacer tres cosas a la vez? ¡Eso está tirado! ✳ ✳ ✳

◆ Intentas que tus amigas se interesen por tus aficiones. ✳ ✳ ✳

● Odias que te den órdenes. ¡Si hay alguien que manda, eres tú! ✳ ✳ ✳

■ Salir a pasear te ayuda a relajarte. ✳ ✳ ✳

✿ Las personas que sólo piensan en sí mismas te dan alergia. ✳ ✳ ✳

◆ ¿Hablar en público? ¿Qué problema hay? ¡Te encanta que te escuchen! ✳ ✳ ✳

● Cuando tienes que exponer un tema, prefieres prepararlo sola mejor que en grupo. ✳ ✳ ✳

▲ Como eres superactiva, quedarte sentada de brazos cruzados te resulta un suplicio. ✳ ✳ ✳

■ Como no sabes parar quieta, quedarte en casa de brazos cruzados te resulta un suplicio. ✳ ✳ ✳

● Cuentas contigo misma antes que contar con los demás. ✳ ✳ ✳

✿ Sueñas con ser una superheroína para salvar al mundo. ✳ ✳ ✳

◆ Te encantaría conocer caras nuevas y hacer nuevos amigos. ✳ ✳ ✳

■ La rutina diaria se te hace muy pesada. ✳ ✳ ✳

▲ Se te dan genial las artes plásticas, ¡esa sí que es una forma de expresarse! ✳ ✳ ✳

Total de ✳	
●	
■	
▲	
◆	
✿	

Suma las estrellas que has marcado en cada uno de los símbolos.

¿Hay empate (o casi) entre varios símbolos? Lee los retratos correspondientes.

Máx. de estrellas en ▲: profesiones creativas

¡Tu media son diez ideas por minuto! Aunque los demás te pidan que ralentices tu ritmo, no pongas freno a tu imaginación. Intenta sólo canalizarla para no dispersarte demasiado. Porque a una chica tan imaginativa como tú, ¡lo que más le cuesta es acabar lo que ha iniciado!
Futura profesión: fotógrafa, actriz, estilista, publicitaria, o bien oficios artesanales: cocinera, pastelera, ebanista…

Máx. de estrellas en ●: profesiones que preservan tu libertad

El trabajo en equipo no es lo tuyo… ¡salvo que seas tú quien dirige! Bastante autoritaria y solitaria, llevas mal depender de los demás. Así que las responsabilidades las asumes por tu cuenta. Y qué más da si acabas un poco apartada: ¡eso es lo que tiene ser todo un carácter!
Futura profesión: empresaria, directora de tienda, reportera independiente…

Máx. de estrellas en ◆: profesiones de cara al público

Muy sociable (y habladora), consigues simpatizar con perfectos desconocidos en dos minutos. Eres la mejor consiguiendo que los demás se sientan a gusto y también sabes compartir las cosas que te interesan. Pero cuidado: cuando te parece que no te escuchan, ¡puedes molestarte!
Futura profesión: periodista, jefe de prensa, profesora, dependienta…

Máx. de estrellas en ■: profesiones al aire libre

Si trabajaras en una oficina, rodeada de toneladas de papeles, te volverías loca. Liberando tu energía es como te sientes a tus anchas. Estar en contacto con la naturaleza y, sobre todo, hacer cada día algo diferente, son los ingredientes que necesitas para motivarte…
Futura profesión: guía turística, guarda forestal, paisajista, encargada de una hípica, agricultora…

Máx. de estrellas en ✿: profesiones orientadas hacia los demás

No cabe duda de que contigo se puede contar. Generosa y desinteresada, siempre estás dispuesta a ayudar a los demás, e incluso a sacrificarte por su bienestar. No pides gran cosa a cambio: ¡la sensación de haber sido de alguna utilidad es tu mejor recompensa!
Futura profesión: médico, enfermera, asistente social, abogada, miembro de una organización humanitaria…

Test de Julie Got

3 claves para elegir una profesión

¡Tienes tiempo para pensarlo! Pero si te entran las prisas, aquí tienes algunas pistas…

Determina tus gustos

Cuanto más claro tengas lo que te gusta (ocuparte de niños pequeños, descubrir el mundo, estudiar las civilizaciones desaparecidas…), más fácil te resultará encontrar una profesión a tu medida. Documéntate en los centros de información, en la biblioteca, o pregúntale a tu orientador del Instituto.

¡Cambio de opinión todo el rato!

¡Es normal! Todavía no te conoces muy bien, y tus gustos también cambian. ¡Con 8 años, es difícil saber qué quieres ser de mayor! Además, no tienes por qué decantarte por una orientación De momento, ¡disfruta!

Planta cara a los estereotipos

¿Sueñas con ser mecánico o piloto? Seguro que van a tratar de que desistas, porque en esas profesiones no es que abunden las chicas. ¡Pero no tires la toalla! Si eso es de verdad lo que te gusta, ¡a por ello! La idea de que hay profesiones de chicos o de chicas es algo superado. Pero es verdad que tendrás que hacer mayores esfuerzos para ser aceptada.

Date permiso para soñar

Es verdad que sacar buenas notas ayuda, pero si no es el caso, tampoco abandones a la primera. Quién sabe: tu motivación para acabar siendo veterinaria quizá te haga ser capaz de alguna proeza. Si aún no sabes del todo lo que quieres, empieza por averiguar qué es lo que mejor se te da y opta por una profesión que requiera esas cualidades: te resultará más fácil acceder a ella. Siempre y cuando te guste, claro…

220

¡Quiero ser famosa!

Normal, con todos esos *realities* parece tan fácil… Pero, en realidad, ¿qué es para ti exactamente ser famosa? ¿Ser admirada y tener dinero… poder viajar? ¿Lo has pensado bien? ¿Te ha deslumbrado quizá la parte «glamurosa» del asunto…? Cuidado, no se convierte en estrella quien quiere. Hay muchos candidatos… y pocos quienes lo consiguen. A veces, incluso el talento no basta. Hay que hacer muchos sacrificios. A menudo, te dicen lo que tienes que hacer, lo que tienes que decir, la ropa que te tienes que poner. Y además, los fans pueden no darte ni un respiro… Y siempre se corre el peligro de decepcionarles.

Es difícil resistir tanta presión. Hay que tener la cabeza muy bien puesta sobre los hombros, sobre todo porque la fama es efímera. De la noche a la mañana puedes caer en el olvido. ¿Eres consciente de todos esos inconvenientes y aun así sigues empeñada? Vale, si deseas de verdad ser cantante, actriz o lo que sea, pon la suerte de tu parte: apúntate a clases, compón tus canciones… pero sobre todo, no busques la fama a cualquier precio. Trata sólo de disfrutar. Eso te resultará mucho más gratificante.

66 **Ser famoso no es una profesión. Hay que tener una pasión por algo: la música, el baile, el teatro… y también talento. Apúntate en una agencia de *castings*. Si eso es lo que de verdad te gusta, ¡inténtalo y lucha por ello!**
Daniela, 13 años 99

Yo también quería 66 **ser una estrella. Todas soñamos con eso porque parece una vida genial. ¡Pero luego me di cuenta de que tampoco debe ser tan fácil!**
Amalia, 9 años 99

Índice temático

Direcciones útiles

Maltrato, violencia

• Teléfono del Menor: 900 20 20 10, hasta los 17 años, ayuda psicológica, jurídica y social (24 horas, todos los días del año)
• Defensor del Menor: www.defensordelmenor.org y 91 563 44 11
• Línea de denuncia: www.protegeles.com

Derechos del niño

• De Unicef: www.enredate.org y 91 378 95 55 (sede central Unicef)
• Dirección General de la Juventud: www.comadrid.org/inforjoven y 91 543 02 08
• Instituto de la Juventud (INJUVE): www.injuve.mtas.es
• Derechos de la infancia: www.rayuela.org

Medio ambiente, naturaleza

• Amigos de la Tierra: www.tierra.org y 91 523 31 86
• Más de 300 grupos de ecologistas: www.ecologistasenaccion.org y 91 531 27 39
• Protección de animales salvajes: www.fapas.es y 985 40 12 64 (Asturias)
• Fondo Mundial de la Naturaleza (Adena) www.wwf.es

Solidaridad

• Niños del mundo: www.federacionninosdelmundo.org y 942 701 791 (Cantabria)

• Comprar y donar lo que no necesitas: www.mercadillosolidario.com
• Si entras y haces *click*, estarás consiguiendo comida para los niños: www.porloschicos.com (Argentina)
• Contra el racismo y la xenofobia: www.sosracismo.org y 94 479 03 10 (Bilbao)
• Cruz Roja Juventud: www.cruzrojajuventud.org
• Federación de Asociaciones de Adopción Internacional: cooperación en programas de protección de niños en sus países de origen: www.adecop.org

Ocio y formación

• Ocio y formación para menores de 14 años: www.chaval.es y www.piscolabis.net
• Diversión asegurada, juegos, música: www.divertrix.com
• Jugar y aprender: www.chicomania.com
• Cine, películas, música: www.disney.es y www.cinemagazine.com
• Astronomía para chicos y chicas: www.alucine.com/NINOS
• Ciencia para chicas y chicos: www.ciencianet.com
• Todas las canciones que buscas y más: www.letrascanciones.org

De todo un poco

• www.mundochicos.com
• www.portaldelmenor.es

Nuestro equipo ha comprobado el contenido de las páginas web mencionadas en este libro durante el proceso de edición, y no podrá ser considerado responsable de los cambios que se hubieran podido producir en los contenidos de las mismas tras la publicación del libro.

Agradecimientos

Caroline GARDES, orientadora y psicóloga.

Michel LAGORCE, profesor de inglés.

Chantal HABERT, profesora de enseñanza primaria.

Jean-Philippe RAYNAUD, jefe del servicio de psiquiatría del niño y el adolescente en los Hospitales de Toulouse (Francia).

Sylvie COMPANYO, psicóloga, asociación Escuela de Padres de Toulouse (Francia).

Pierre SIMON, orientador y psicólogo.

Michèle PELOU, psiquiatra.

Marie SIMON, mediadora familiar especializada en el tema de los niños en las transiciones familiares, doctoranda en psicología.

Annick BOUVY LAZORTHES, ginecóloga.

Linda FAUCON, directora de la Liga contra el Cáncer del Alto-Garona (Francia).

Catherine SCHOR, psicóloga clínica, asociación «Enfance et Partage».

Béatrice JOURET, pediatra, CHU de Toulouse, servicio de endocrinología.

Brigitte COUDRET, dietista.

Michel BARBER, profesor de enseñanza primaria.

Dominique GAFFIE LEMAIGNAN, psicóloga clínica, psicoanalista.

Urbain CALVET, especialista en el sueño infantil.

Bérangère PORRET, ginecóloga.

Babette DIAZ, asociación «Génération médiateurs».

Gérard Lorette, dermatólogo.

Y por supuesto a todas las «Julias» que han accedido a dar su testimonio.

Gracias, chicas, ¡sois fantásticas!

Un agradecimiento muy especial a Olivier, que ha logrado soportarme durante estos largos meses de escritura, sin flaquear en ningún momento. Su apoyo me ha sido valiosísimo.

Anne Lamy, por sus buenos consejos, Brigitte Carrère, Marie de Latude, Stéphanie Saunier, Ingrid Nfifi, Anna Piot.

Y a Bernard Clément, que ha hecho realidad mis sueños y que nunca ha dejado de creer en mí.

Diseño gráfico: Karine Benoit

Título original: *Vive les filles!* - Éditions Milan
Idea y textos: Séverine Clochard
Ilustración: Cécile Hudrisier y Audrey Gessat (*Julia*)
Traducción: Mercedes López-Ballesteros Angulo
© 2005 Éditions Milan
© 2008 Marenostrum Publicaciones S.L.
Para España y todos los países de habla hispana
comercial@editorialmarenostrum.com
www.editorialmarenostrum.com

ISBN: 978-84-96391-94-9
Depósito legal: CO-310-2008
Impreso en España por: Taller de Libros, S.L.